Basics of Sales

売れる人が大切にしている！

「売り方」の神髄

マーケティング・コンサルタント
「売り方」コーディネーター　松野恵介

すばる舎

基本が分かれば自然と売れていく。もう一度、「原点」に帰ろう

――まえがきに代えて

■「神髄」なんて言うと大げさに聞こえるけど……

「売り方の神髄」というタイトルで手に取ってくださった方も多いのではないでしょうか？

「神髄（シンズイ）って大げさだな」

「神髄ってどういうことなんだろう？」

など、いろいろな思いがあるかと思うのですが、ひと言で言うと**神髄とは「根本」**で

す。基本中の基本、ということです。「原点」と言い換えてもいい。

この根本を理解し、できるようになると、間違いなく仕事が楽しく好きになっていく。

仕事をしている時間はかなり長いので、仕事の時間が楽しいか、苦しいかでは、人生が大きく変わると言っても過言ではありません。

でも、多くの人がこの根本を「忘れている」。

どこかに持っているのに忘れてしまっているのです。


もったいない。

本当にもったいない。

ただ、日常業務の中、日々の仕事に忙殺され、考える時間もないまま忘れていくという現実も、分からないではありません。

だからこそ、ここでいま一度、根本を見直してみませんか？

それともうひとつ――。
「売り方」と単純に言っても、まさにイロイロです。**世の中は、「売る」と「買う」という行為で成り立っている**と言ってもいいでしょう。

スーパーで野菜や肉を買うときも、少しでも多く買ってくれるように、スーパーは工夫をします。小さな商店でも同じです。

一方、スーパーは、商品を仕入れます。スーパーに商品を卸している業者は、スーパーに商品を「売って」いるわけです。企業と企業の売り買いですね。

また、お役所に商品を売っているケースも多いでしょう。

モノだけではありません。飛行機や電車の予約も、売り買いです。旅館やホテルでも、広い意味では売り買いですね。企業が別の企業に産業機械を売ることもあります。

それぞれ、独自の「売り方」のスキル（技術）があるはずです。**でもこの本では、その独自のスキルの奥深く――根本にある基本を説明します。**

そう――まさに神髄です。そしてこの根本……神髄は、意外と上司は教えてくれないものです。「自分で覚えろ」などと、言われたことはありませんか？

■モノを売るより、思いを売ることを先に考える

そもそも「根本」とは何か？　となると、「いかに自分を売るか」ということであり、

言い換えれば「いかに思いを届けるか」ということになります。

あなたも言われたことがありませんか？

「商品より先に、自分自身を売るんだよ」――と。


先日、たまたま僕が事務所で仕事をしていると、ホームページ制作の営業マンの方が訪ねて来られました。訪問営業です。僕は時間があるときは、ていねいに話を聞くようにしています。

それは商売柄かもしれませんが、どんな方法で営業してくるのか？　何から話すのか？といったことに興味があるからです。

そんな興味から「なんですか？」とその営業マンの男性に微笑むと、こう言われました。


「御社のホームページについてのご提案に参りました」

「今よりもっと、ホームページで集客したいと思いませんか？」

「私たちが、そのお手伝いをします」

「ホームページは、24時間働き続ける営業マンになります！」

それを聞いた私は「なんか腹が立つ」そう感じて、商品やサービスの詳細は聞くことなく……、

「ありがとう、うちは結構です」と答えました。

「エッ⁉　どうしてですか？」と聞き返す営業マンの彼に、

「だって、その売り方は大嫌いだから」と返しました。

「そうですか、スミマセン……」そう言って彼は去っていったのです。


相手に、「その売り方はキライ！」と思われたら絶対に売れないんです。


付け加えますと、営業マンの彼は非常にいい笑顔で、ていねいに接してくれたし、簡単には書きましたが提案もシッカリしたもので、きっと商品やサービスも優秀なのではないかと思われます。

でも、売れない。

そう、それでも売れないんです。


ではなぜ僕は、「その売り方はキライ」と思ったか——。その営業マンが帰ったあとの

僕の印象はこうでした。

「うちの会社の何を知って言っているのだろう」
「勝手に自分の言いたいことばかりしゃべってたな」

そう、彼は大切なことを忘れていた。根本的なことを……。

■なぜ、いい商品なのに売れないのか？

「いい商品だから売れる」これは、今の時代においては大きなウソです。だって、あなたは「いい商品だから」って買ったものが最近ありますか？

ちなみに僕は最近、ヘッドフォンを買いました。ノイズキャンセル機能付きの最新型です。なぜ買ったのか？　と言われると、新幹線や飛行機などの移動が多いので、移動のときにこのヘッドフォンをすると周りの雑音が消えて眠りやすいですよ、と知人に紹介を受けたからです。

たしかに、いい商品です。

でも、いい商品だから買ったわけじゃない。

機能やスペックに惚れたわけではなく、僕のことをよく知ってくれている人が自分自身も使って「移動中にあったら便利だ」と教えてくれて、一度そのヘッドフォンを付けてみたら「あぁ、これはぐっすり眠れそうだ」と実感したから購入したのです。

つまり、僕は素晴らしいヘッドフォンを買ったのではなく「移動時間によく眠れる」そんな体験を買ったのです。

正直、世の中には商品は溢れかえっています。いわゆるモノ余りの時代で、なおかついい商品が溢れかえっているのです。逆に粗悪な商品を探すのがむずかしいくらい。そんな時代には、いくらモノが良くても売れない。

お客様はモノを通して別のものを買っているのです。

それに気づいているかどうか？　これは根本的に大きな問題です。

あなたは、最近何を買いましたか？

どうして、それを買いましたか？

一度考えてみてもらうと分かります。

「モノがいいから売れる」そんな時代じゃないということを。

果たして、お客様は何を求めているのだろうか？　その根本的なことを見誤ったら、売れるものも売れなくなります。

■最初にまず、「自分」を売る！

先ほども書きました。しつこいようですが、もう一度――。

「モノより先に人を売れ！」

「おまえの思いを届けろ！」

営業をしている方でしたら、上司から必ずと言っていいほど言われる言葉ですよね。

「分かりました」と言いつつも、どうしたらいいんだろうかと悩む日々。本当は上司にこんなことを言いたい気分じゃありませんか？

上司「もっと自分を売らないとダメだ！」
部下「……分かりました」
部下（勇気を出して）「具体的に、自分を売るにはどうしたら良いのですか？」
上司「そりゃ、お客様のところに訪問して、お前自身を知ってもらうんだよ」
部下「具体的には、どうやって僕を知ってもらうんですか？」
上司「そりゃ、時と場合によるからな、経験だ」
部下「経験ですか……」

内心、こんな感じじゃありませんか？　一番聞きたい部分、つまり具体的にはどうしたら良いのかは誰も教えてくれないんですよね。

自分でいろいろとやってみるか、上司のやっていることを真似てみるしかない。これじゃ、なかなか行動に移せないのは当たり前。そう、決してやる気がないわけじゃなくて、やり方が分からないのです。

いま一度、一緒に考えてみましょう。**「自分を売る！」そして「思いを届ける」とは、いったいどういうことなのでしょうか？**

これって、**自分が売り手になると急に見えなくなるのですが、反対側（お客様側＝買い手）に立ってみると見えてくる**ものがあるんです。

ところであなたが「この人、僕のことちゃんと考えてくれてるな」と思う人とか、「この人は頼りになるな」「この人には何でも相談できる」と思う人って、どんな人ですか？

もしかして、こんな人じゃないですか？

「あなたのコトを、ちゃんと見て、きちんと知ってくれている人」

そうなんですね。**まず自分のことをアピールしてくる人よりも、こちらのことをしっかり見て、じっくり聞いてくれる人がありがたいし、嬉しい**ものです。意見を押し付けたり、こちらの話をさえぎる人とは、心地よい関係は築けないものです。

自分のことを必死になって売り込もうと考えれば考えるほど売れないし、思いだって伝わらない——。

自分のことばかり一方的に話す人は、相手にもなかなか受け入れてもらえない。

これは商品を売るときと一緒です。

■「売る」のは、口説くときと、同じです!?

たとえば、異性に「好き」という気持ちを伝えるときを考えてみてください。ただ、**自分の気持ちを一方的に伝えて「好きだ！　好きなんだ！」というのは、モテない奴のする行為**です。一方的に「好き」の押し売りになっている。

でも、モテる奴っていうのは、いきなり好きとは言わない。好きなら、まずは相手をしっかり見て、そして話をたくさんするのです。

好きと言わずとも、好きな思いが伝わる。相手はこう思うはずです。「あ、この人、私のコトをよく見てくれてるな～。たくさん話を聞いて興味を持ってくれてるんだな」って。そうやって、お互いの気持ちを確認しながらキメのセリフなんかを言うわけです。

「たくさん話をしてみて分かったんだけど、一見勝気で強そうに見えるけど、スゴク繊細で何にでもまっすぐで素直なんだね。君といると僕も素直になれそう。もっと一緒にいたいから、付き合って欲しい」（あ～、文章にするとクサイ）

そうすると、相手はこう思ってくれるんですね。

「私のコト、分かってくれてる……」って。

■「分かってくれている」と感じてもらうには、相手を知ること

この「分かってくれている」と感じてもらうことが、結果的に「思いを届ける」＝「思いを売る」ことになるんですね。

もちろん、ただ**相手の話していることを漠然と聞いているだけじゃダメです。相手を知るためにこちらから積極的に聞くこと、もっと正確に表現するならば「聞き出す」こと。**相手の本当の姿を見つけ出すことが大切なのです。

この「シッカリ聞き出すこと」ができれば、営業面でいろいろな効果が生まれます。

・商談がスムーズになる
・価格競争に巻き込まれない
・同業他社との差別化なんて考えなくていい
・お客様から信用され仕事を任せられる

・提案営業が驚くほど楽になる

そして「聞き出すこと」で、何よりお客様の本当にして欲しいコトが見えてきます。それが見えたときに気づくのが、誰もモノ（商品）なんて求めていなかったということです。もちろん優れたモノを求めている人もいます。だけど、先ほども書いたように、いい商品だから売れる時代じゃない。**まず、相手が何を欲しがっているか、悩んでいるか、求めているか……これを聞き出す。**

知る・見る・聞き出す――

この3つのことから相手の本当に求めていることに気づき、どうすればいいかを提供する――これが売り方の神髄であり、根本、基本なのです。これはどんな業種業態にも共通します。

この根本を押さえつつ、具体的な手法をお伝えしていきたいと思います。

売るものは分からなくても売り方の神髄が分かり、それを身に付ければ、無茶な値引きを迫られることもない。値段を下げて泣く泣く売らなくていいのです。そして、結果的にお客様から「ありがとう」と言ってもらえる仕事に変わってくるはずです。
やっぱり仕事をやるからには、喜ばれて楽しいほうがいいじゃないですか！

「売り方」コーディネーター　松野恵介
２０１６年５月

売れる人が大切にしている!

「売り方」の神髄

目　次

第2章 「知る・見る・聞く」からすべて始まる！

技術や手法は、もちろん大切。だけどその前に、お客様のことを知ることが、もっと大切。そのためにはお客様をよく見ることです。

第3章 「伝えて創造する」が「売る」ということ

お客様のことをよく見て、知ったら、こちらの〝思い〟を伝える。このとき「売ってやろう！」と思わず「役に立ちたい」と思うことが重要！

第4章 あなたの営業は「信頼」されているだろうか？

御用聞き営業はダメだと言われてきたけれど、最初にお客様のニーズを聞き出さなくては、営業活動も始まりません。

［DTP　ベクトル印刷㈱
編集協力　片山一行］

第1章

営業マンは商品を売ってはいけない！

まず自分自身を売れ、とよく言われるけれど、
要するに売り手が商品を好きになること。
好きなものを、自信を持って売る――
これが営業の神髄！

1 あなたは、今の仕事が好きですか？

仕事がキライ、つらい……これでは売れない！

まずは根本的な問いかけをさせてください。

「あなたは、今の仕事が好きですか？」

そんなこと考えたことないよ！　という方は、この機会にぜひ考えてみてください。まず単純に好きか、嫌いか。次に、なぜ好きなのか？　なぜ嫌いなのか？　その理由まで考えてみてください。


どうして、こんなことをするのかって？

それは、好きになるためにどうすればいいかを考えるためです。

たとえば、サッカーが大好きで大好きで仕方がないという子供の周りには、もっと教えてあげたい人や、それを応援したい人、その人に影響を受ける人、憧れてサッカーを始める人など、たくさんの人が集まってきます。反対に、サッカーが上手くてもイヤイヤやっている子供の周りには、なかなか人は集まってきませんね。

だから、もしあなたがいま現在「仕事が嫌い」なら、**どうして嫌いなのか？　どうすれば好きになれるのかを明確にする**こと。そして、今より好きになっていくにはどうすればいいかを考えないといけないのです。

ただ、勘違いしないでいただきたいのは、この時点で「絶対に仕事が好き」でないといけないわけではありません。誰もが好きな仕事に就けるわけではありません。

もちろん、最初から好きな仕事をしているに越したことはありません。でもそれは、なかなかむずかしいことです。何らかの理由で、仕事がイヤで仕方がない……という人も多いと思います。

つまり、「今の仕事が嫌い」……そんな人が好きになるにはどうすればいいかを一緒に考えていきたいのです。

あなたは、今の仕事が好きですか？

一度チェックしてみてください。

●──まず、「自分は仕事がどれくらい大好きか」をチェックする

まず、あなたの仕事への愛情度をチェックします。

左の表を見てください。


さて、Aがいくつ、Bがいくつあったでしょうか？


もうお気づきの方も多いと思うのですが、Bが多いほうが仕事が好きな方です。

今の時点でAがいくつあってもかまいません。でも、問題はその理由です。どうして嫌いなんでしょうか？

そして、どうすれば好きになっていくのでしょうか？

!? 仕事への「愛情度」をチェックする！

	A	B
1	しなければならない仕事に追われている	やりたい仕事を追いかけている
2	仕事の多くは受動的だ	仕事の多くは能動的だ
3	他人の噂話をするのが好きだ	他人の成功体験を聞くのが好きだ
4	月曜日の朝は憂鬱である	月曜日の朝は楽しみだ
5	よく時計を見る	あまり時計は見ない
6	ワクワクすることがない	ワクワクすることがある
7	引退の時期を考えてしまう	引退なんて考えない
8	自分の子供には同じ仕事をさせたくない	自分の子供にも同じ仕事をさせたい
9	漠然とした不安を感じる	未来への希望を感じる
10	給料があるからやっている	給料がなくてもやる

いま現在、仕事が好きか嫌いかどうかは、あくまで結果です。この結果を変えたければ、プロセスを変えていくしか方法はありません。

ガムシャラに仕事を好きになろうとしても、それは無理。結果を変えたいなら、まずはプロセスを確認し、変えていく方法を考えないといけないのです。

だから、一度ここで考えてみてください。

・何が嫌いか？
・それがどうして嫌いなのか？
・どうすれば好きになれるのか？

この3点を、紙に書き出してみてください。まず「自分」を知るのです。

書き出せましたか？　もちろん、答え合わせをしようと言う気なんてありません。まず一度、自分自身で考え書き出してみることからスタートしていきましょう。

!? 仕事が好きか、嫌いか!?

●何が嫌いか？

●なぜそれが嫌いか？

●どうすれば好きになれるのか？

2 仕事が嫌いになる3つの理由

私は仕事がイヤでイヤで仕方がなかった……

仕事に追われていて、いつも受け身で他人の愚痴を言い、仕事は憂鬱で暗い時間ばかりが過ぎていく。ワクワクすることはなく、早く仕事をやめたくて、漠然とした不安の中、給料のために働いていている……。

先ほどのアンケートのAを並べてみると、こうなります。

「こりゃ楽しくないわな」って感じですよね。実は、僕自身サラリーマン時代はこれと同じでした。

もう、**仕事がイヤでイヤで仕方がなかった**のです。

大学を卒業して京都の呉服問屋に勤めていたのですが、僕が社会人になった頃はバブル景気が弾けた翌年。売れた時代から売れない時代へと変化していく時代でした。覚えないといけないことや、やらないといけないことはたくさんあり、仕事は生み出すというより下りてくるもの。自分では精一杯がんばってるんだけど、成績は伸びない。飲みに行けば愚痴ばかりで、月曜の朝はちょっとお腹が痛くなる。

何よりも、営業に行っても値段の話ばかりで、お客様から「ありがとう」と言ってもらえることが極端に少なかった。

でも、正直どうすればいいのか？

何をすれば喜んでもらえるのか分からなかったのです。

このままでいいとは思えませんでした。

だって仕事って、あと何十年もするんですよ。このままの状態で何十年も過ごしたいとは思わない。**もっと仕事を楽しみたかった。もっと仕事を好きになりたかった。**何よりお客様に自分をもっと見て欲しかった。

でも、その方法が分からないまま、3年、4年と月日が経ちストレスが溜まり、体を壊してしまいました。

◉——どうして仕事を好きになれないのだろう

体を壊し、リストラにあい、正直引きこもろうかとも思いましたが、何とか立ち止まり、時間をかけて考えたのです。

「どうして嫌いなんだろう」と。

紆余曲折の末、僕が出した結論——「嫌いになった理由」は3つです。

①お客様が自分に興味を持ってくれない

呉服問屋でしたから、呉服屋さんがお客様で、基本はルートセールスの中で毎月、お客様のお店を訪問していました。通い続ければ何とかなる。顔を出せば覚えてもらえる。そんな思いで通っていても「そんなに用事はないよ」「用があるときは連絡するから」という対応が多く、会社の担当者という枠から出られないでいた。

②お客様に喜ばれない

お客様を毎月訪問して、掘り出し物の商品や、お値打ち物の商品を持っていっても喜ばれることはなく「それは、いくらになるの?」「もうちょっとがんばってよ」というような値引き交渉の日々。会社と交渉して多少の値引きをしたとしても「なんや、そこまでしかできひんのか」と言われつつ渋々買っていただくような状況が続き、僕は値引き交渉員か? それが僕の仕事なのか……?

つまり「ありがとう」と気持ちよく言ってもらえたことがなかったのです。

③ 売れない

そんな状態でいると、売上げは伸びるはずがありません。予算という〝数字〟があるだけに、「なんとかしないと」と思えば思うほど売れなくなる悪循環。会社ではどやされ「なんで売れないんだ!」「もっと考えて行動しろ!」とは言われるものの、具体的なことは何も教えてくれない。いったい、どうすれば売上げが上がるんだろう?

興味を持ってもらえない、喜ばれない、売れない、の3つ。ということは、これが逆に、**お客様に興味を持ってもらえて、ありがとうと言われて、商品が売れるようになったら好きになれる**ということです。

僕はこう考えているのですが、あなたはどうでしょうか?

実は、クライアントさんの営業マン研修で同じように聞いてみると、ほぼ同じような答えが返ってきます。みんな悩んでいることは、そんなに変わらないようです。

- **お客様に、興味を持ってもらえる**
- **お客様にありがとうと言ってもらえる**
- **商品が売れて成績が上がる**

この3つができれば、少なくとも今よりは仕事が好きになれそうでしょ。では、そのためにはどうすればいいのか？　ということになります。そのことを、これから考えていきます。

◉――お客様から興味を持ってもらうには、まず相手に興味を持つこと

基本は、「その商品に興味を持っていただくこと」です。品質でもなんでもいい。とにかく、「お、これは！」と思ってもらう。「面白い！」という興味でもかまいませんし、もっと踏み込んだ品質などへの興味でもかまわない。

言ってみれば、〝身を乗り出してくる〟……あの感じです。

・興味を持ってもらうためには、まず自分が興味を持つこと
・喜ばれるためには、相手がどうしてもらったら嬉しいのかに気づくこと
・売れるためには、求めているものが何かを知ること

単純ですが、そういうことです。その中でも一番大切なのが、相手（お客様）に興味を持つということ。売ることではなく、商品のことでもなく、お客様という「人」に興味を持つことが大切です。

考えてみてください。
あなたは、お客様のことをどれだけ知っていますか？

・お客様の会社はどんな状態か？
・お客様の業界はどのような状況か？
・お客様は何に困っているのか？

・お客様はどんな不安や不満を抱えているのか？
・それに対して、どんな具体策を持っているのか？
・それは成功しているのか？　失敗しているのか？
・お客様は、何をしようとしているのか？
・お客様は何がしたいのか？

意外と知らないことも多いし、知っていたとしても上っ面だけなことって多くないですか？　まずは、ここに徹底的に興味を持つこと。その上で、自分のできることを明確にすることが大切です。

僕自身は、呉服問屋でのサラリーマン時代、1年～2年経つと「もう誰も商品なんて必要としていないんじゃないか」そう感じていました。

先輩から引き継いだ先に改めて訪問することになったときに、先輩から「この商品はすごく値打ちのある物だから、挨拶代わりに持っていってあげなさい。きっと喜ばれるから」と受け取った商品を意気揚々と持っていったんです。だけど呉服屋さんの社長からは「ちょっと前までは嬉しかったんだけどね、今はもう必要ないんだよ」とか「値打ちはあるけど売れないからね、うちはいいよ」なんて言葉が返ってくる。

ちっとも喜んでもらえない。だから、**商品なんて求めていない、ということは痛いほど分かっていた。だったらお客様は何を求めていて、僕は何をすればいいんだろうか？**　当時は、その答えがまったく分からなかったのです。

でも、今は自信を持って言えます。

その当時、呉服屋さんはバブルの崩壊とともに、売れた時代から売れない時代に変わってきてどう対応していいのか分かりませんでした。売れた時代は、モノを仕入れれば仕入れただけ売れていく。モノが足りなくて困っていたのです。だから、いいモノを持っていけば喜ばれたし、役に立ったわけです。

しかし時代は移り変わり「売れない時代」に入ると、すぐにモノが余ってきます。いいモノであっても売れない。そんな状態で「いい商品ですよ！」「お値打ちなんですよ！」と言われたところで、もうモノは余っていて、モノには困っていない。

◉――「お客様は、何に困っているのか?」を知る

じゃあ呉服屋さんは何に困っているかと言えば「売れないコト」です。モノが売れない、のではなく、売れない状況そのものに悩んでいる――。

モノは余っていて、売れないで困っているのに……持っていっていたものはモノ。これでは喜んでもらえるはずがないですよね。**売れないで困っているときは、売れるためにどうすればいいかをお店と一緒に考え行動する。**

たとえば商店であれば、あの商品が売れない、この商品が売れない……ではなく、「なぜ売れないんだろう」ということに悩んでいる。それを一緒に解決するのです。同じように商店は、エンドユーザーである一般のお客様の悩みを解決する。

そう、私たちはモノを売ることが仕事なのではなく、お客様の困っていることに対応していくのが仕事なんだということ。お客様をしっかり見ていれば気づくのに、自分のことしか考えていなくて見えていなかったことがあるんです。

だから、お客様に興味を持って、聞き出していく。

この「コミュニケーション」こそ、売り方の基本なんです。

モノを売ることが仕事ではなく、
お客様の困っていることに
対応するのが仕事。
だからお客様に興味を持ち、
聞いていく。

3 相手とのコミュニケーションが「売り方の神髄」だが……

◉──コミュニケーションとは「分かち合う」こと

コミュニケーションの語源をご存じでしょうか？　ラテン語で「分かち合う」ということです。分かち合う──。

この「分かち合う」ことが大きなポイントであり、目的でもあります。

もう一度言います。分かち合うことが目的です。

つまり、**お客様が求めていることを知る。困っていることを知る。そして知るためにはどうするかを考える**……この「どうすれば知ることができるか」が、大切です。

このとき、分かち合うためのコミュニケーションということを、よく考えてください。

一方通行ではないんです。

商売ですから、売ることが目的になるべきだと思いがちですが、目的はコミュニケーションなんです。**「売上げのためのコミュニケーション」になると、お客様の声を聞き出すのではなく、売り手側からの一方通行、押し付けになっていきます。**


もう一度、僕が最初に働いた呉服業界の例でお話ししましょう。

呉服屋さんは、お客様とのコミュニケーションを大切にします。

その昔、呉服屋さんは町のコミュニケーションの中心的な存在だったんですね。暇があれば呉服屋さんでお茶を飲み、いろいろなお喋りをして、子供の話から、夫婦間の話、嫁姑の話や、旦那の給料の話まで、様々な話をする。

その上で聞かれることもあるわけです。

「どうしたら良いと思う？」って。

そこで、いろいろな人から聞いた話の中から役立ちそうな情報を伝えて、

「ありがとう！　助かったわ！」

なんていって喜んでもらっていた。こんなふうにして呉服屋さんを中心にコミュニケーションが成立していた。たくさんの情報が集まり、たくさんの人と分かち合えていた。結

果的に、必要なときに必要なものが売れていったのです。

それが常態化してきて、「コミュニケーションをとれば売上げが上がる」と考えるようになった。つまり、「売上げのためのコミュニケーション」になったのです。

たしかに、**コミュニケーションをとれば売上げはあがる。でも売り手がいつもそう考えていると、お客様は敏感に「売るためにやってるな」と思うものです。**

これでは売れません。

時代の流れで「呉服」を着なくなり売上げが下がってきた。もっともっとコミュニケーションをとらなければ！　と、一緒に観劇や旅行に行ったりして、年に一度必要でもない「呉服」をなんとか買ってもらえるようにと考えてやっていった結果が……。

「呉服屋と付き合ったら高い買い物をさせられる」

などという風評を生み出し、商売が余計にしづらくなったのです。

お客様とコミュニケーションがとれていれば、お客様の声（ニーズ）も、分かりやすくなります。

——ちょっと脱線しましたが、話を元に戻しましょう。

「お客様の声」に
耳を澄ましていれば、
お客様の変化や、困っていること、
何を求めているかに
気づくようになる。

◉――では、何を分かち合うのか!?

「コミュニケーション＝分かち合う」と先ほど言いました。

では何を分かち合うのでしょうか？


ちょっと漠然とした質問でしたね。

では、あなたが「分かち合えてる人」って誰ですか？　その人とは、どうして分かち合えるようになりましたか？


そうなんです。

人と人は、最初から分かち合えている状態ではないのです。

どちらかが、どちらかに興味を持って、分かろうとする。どんどん分かろうとすることで、相手のことが分かってくる。そうやって接するから、相手もこちらのことを分かろうとしていくと、結果的に「分かち合える」という状態になるんですね。


これは、仕事もプライベートも同じです。

たとえば、僕の高校時代の友人に荒木ってやつがいます。

大学も一緒で、社会人になってからは1年に2～3回くらいしか会わないけど、会ったらいろいろな話で盛り上がります。今でも「分かり合ってる」と感じるのですが、高校2年で同じクラスになったときには全く知りませんでした。

新学期になって、「なんかスカした奴だな」という印象だけ。

そんな中、荒木が女の子にモテまくってることが分かってきた。そうなると、モテない僕は気になって仕方がないのです。

「どうしてあいつはモテるんだ?」「何してるんだろう?」「どんな奴なんだろう?」……

そこで、休み時間に荒木に「おまえモテるよな」なんて話しかけて、僕がどんどん質問をしていって、そうしていると荒木も僕のことを聞いてくるようになった。

いろいろな共通点や似ているところが見つかったりしていって、どんどん分かり合っていったんです。

これって、友達レベルの話なのですが、売り方の神髄のコミュニケーションにおいても大きなヒントがいくつもあります。

①まず相手に興味を持った
②相手に話しかけた
③「相手のこと」を聞いた
④共通項目が見つかった
⑤「相手のこと」を知ることで、こっちのことも知ってもらえた
⑥結果、分かち合えた

最初から分かち合ってるなんてことは絶対にありません。分かち合うまでをステップごとに分けていくと、こんな感じになります。

これを、やっていくことに置き換えてみます。

①最初は「相手のこと」に興味を持ち、相手のことを分かろうとする。
②もっと知りたくて話しかけてみる。
③興味を持ち、深く掘り下げて嫌がられない程度にどんどん聞いてみる。
④「相手のこと」が分かるにつれて、お互いの共通項目が見つかる。
⑤そうすると、こちらのことにも興味を持ってくれて聞いてくれる。

!? 分かち合えるためのステップ

① 最初は「相手のこと」に興味を持ち、相手のことを分かろうとする。

↓

② もっと知りたくて話しかけてみる。

↓

③ 興味を持ち、深く掘り下げてどんどん聞いてみる。

↓

④「相手のこと」が分かるにつれて、お互いの共通項目が見つかる。

↓

⑤ そうすると、こちらのことにも興味を持ってくれて聞いてくれる。

↓

⑥ どんどん、分かち合えるようになる。

POINT

最初から分かり合っていることは、ない。
ステップを踏んで分かち合おう！

⑥ どんどん、分かち合えるようになる。

ということです。

ね、いっぱいヒントがあるでしょ。

◉──お客様を起点に、互いに分かち合うのが、「売り方」の基本

置き換えて考えてみましょう。

たとえば、少し前になりますがテレビを買い替えたときのことです。

テレビが「地デジ化」するときに、僕もテレビを買い替えようとして、家電量販店に家族と一緒にテレビを見に行ったのです。その当時は、液晶テレビとプラズマテレビという2つのタイプがあって、何がどう違うのかさっぱり分かりませんでした。

そんな中、自宅近くの家電量販店に行って、テレビの売り場に進んでいくと、ある男性の販売員の方が声をかけてきました。

販売員「（僕の子供を見て）お客様のお子様ですか？」
僕　「ええ、そうです」
販売員「お子さん、まだ小さいんですね、おいくつですか？」
僕　「5歳で、まだ幼稚園なんですよ」
販売員「だったら、テレビの画面とか掌《てのひら》でベタベタ触りませんか？」
僕　「そうそう！　思いっきり触ったりするんですよ」
販売員「実はそれって、液晶テレビの場合、故障の原因になりやすいんですよ」
僕　「えっ⁉　そうなんですか？」
販売員「なおかつ、保証外ですので、修理費も高くて……。ですので、もしテレビをお買い替えのときはプラズマテレビがおすすめです」
僕　「へぇ～なるほど、そうなんですね」
販売員「お客様によって、選び方も異なってきますので、よかったらお住まいのことや、テレビの使い方などもお聞かせください」
僕　「だったら……」

こうして、僕はいろいろと話を聞き、プラズマテレビを購入したのですが、カギは僕がどのテレビを購入したかということではなく、テレビを購入したプロセスにあります。

「どんなテレビをお探しですか?」
「ご予算はいくらくらいで」
「ただいま、このテレビが当店では人気があって」

もし、そんな接客だったら、嫌気がさして買っていなかったはずです。でも、僕はその日に、その接客を通して購入した。
どうしてか?

先ほどの項目に照らし合わせてみてください。

① 最初は「相手のコト」に興味を持ち、相手のことを分かろうとする。
↓僕の子供を見て、どんな状況か、どんなコトが想像できるかを考えた。
② もっと知りたくて話しかけてみる。
↓それを確認するために年齢を聞いてみた。

③　興味を持ち、深く掘り下げてどんどん聞いてみる。
↓困っているコト、問題になってるコトなどを聞き出した。

④　相手のことが分かるにつれて、お互いの共通項目が見つかる。
↓困っているコトに対して解決策を伝えることで、よりよいテレビ選びにつながる。

⑤　そうすると、こちらのことにも興味を持ってくれて聞いてくれる。
↓販売員が相談相手になり、いろいろな状況を話し、相手の話も素直に聞くようになる。

⑥　どんどん、分かり合えるようになる。
↓家の状況を伝え、分かり、そこにピッタリのテレビが選べて満足する。

ね、ちゃんと置き換わってるでしょ。

つまり、**分かち合うということは、相手（お客様）を起点に、相手のことを分かち合っていくということ**。決してこちらのことを分かってもらおうとすることではないということです。

4 まず相手を認めてコミュニケーションが生まれる

●仕事におけるコミュニケーションの3原則

相手とコミュニケーションをとるときに押さえておきたい3つの原則があります。できるかどうかは、かまいません。まず知ること、そしてやってみることが大切です。

ひとつ目は「利他と利己」。

利他と利己という言葉があります。

「利他」―他人に利益となるようにはかること。自分のことよりも他人の幸福を願うこと。

「利己」―自分の利益だけを考え、他人のことは顧みないこと。

コミュニケーションをとっていく上で、利他的か利己的かは非常に重要です。

たとえば資料を一つつくるにしても、この資料がきっとお客様の役に立つはずだという思いでつくり持っていくのと、この資料を渡して売れたらいいな〜と思ってつくり、持っていくのとでは大きな違いがあります。

「神髄＝根本」を考えたとき、利他か？ 利己か？ どちらかと言われれば答えは明らかです。利他に決まっている。相手の身になって考える。

ただ、分かっていてもできるかどうかは別です。ですが、まずは「利他的に」という〝意図〟を持ってみる。ここからスタートしてみてください。

ふたつ目は「分かりやすいか分かりにくいか」。

コミュニケーションをとっていく上で、分かりやすさは必須です。人は分からないと感じた時点で脳の動きが止まって、そのあとの情報を遮断してしまいます。話し方、話す言葉、資料や情報は、できるだけ分かりやすく。そして、他との違いも分かりやすくする必要があります。他と一緒に見えてしまっては元も子もありません。

でも、自分では分かりやすいと思っていても、ついむずかしくなってしまうことがあるので、同僚や後輩に一度話してみて、分かりにくかったことを聞いてみて確認することをおすすめします。

みっつ目は「相手を認めるか認めないか」。

コミュニケーションをとるとき「相手が悪いから」「相手が○○だから」というように相手に責任や原因を持っていくと、結果は逆方向に行ってしまいます。仲良くなりたいのに、話せば話すほど距離ができてしまう。だからこそ、**まず「相手をそのまま認める」「そのまま受け入れる」**。その上で、何ができるのかを考えていくことが必要になります。

なぜこんな原則の話をするかというと、コミュニケーションにかかわらず、何かをやっていくとき、何かを変化させていくときには「意図」つまり「何のために何をこうしたい」という気持ちと「やり方」つまり「手法」の両方が大切だからです。

意図とは、なぜそれをするのかということ。やり方とは、具体的な手法です。

この2つを交互に考え実践していくわけですが、そのサイクルのはじまりは「意図」で

相手の身になって考える。
分かりやすさ。
相手を認める。
――これが、
コミュニケーションの3原則

す。**誰のために、何のためにするのか？　なぜこれをするのか？　こういった「意図」や「意思」をハッキリ持っていないと「やり方」、つまり手法だけでは別のほうに向いていってしまうことが多い**のです。

「売り方」には、いろんな手法があります。競合他社との差別化も大切、価格設定も大切、それらを包括したマーケティング戦略も、もちろん大切です。

でも、「手法」だけでは、売れない。

間違いなく売れません。

だからこそ、「利他」「分かりやすさ」「相手を認める」という意図をどこか頭の片隅にしっかり置いておく必要があるのです。できるかどうかは、結果論です。今はできなくても「やっていくこと」を理解することが第一歩です。

◉利己的な考えを捨てるとは「売る」を捨てるということ

先ほども書きましたが、コミュニケーションをとっていく上で大切なものは「利他的になる」ということです。これは、コミュニケーションだけではなく商売そのものにも本当に必要な要素になります。

利他的になるために、最初に捨てないといけないものは「売る」ということ。

「売ることが仕事だ」という意識です。


じゃあ何が大事か。――**売るのではなく役立つこと。**

そうすることで、結果的に「売れる」という結果がついてくるのです。


「エッ!? 売っちゃいけないの？ この本、売り方の本じゃなかったの？」そう思われた方は、一度考えてみてください。

あなたがお客様だったら、「売られたい」ですか？ 売られたくないでしょ。

そう、お客様は誰一人として「売られたい」と思っていないのですから。


少し話を変え、ひとつ具体的な事例を紹介しましょう。

●――マツダが復活した本当の理由

２０１５年４月20日の日経ＭＪ。１面の記事の見出しはこうでした。

〝「マツダ地獄」脱却へ疾走〟

リーマンショックと東日本大震災で、スポンサーだったフォードから離れ、独り立ちを進めてきたマツダの復活の記事でした。マツダはどうして復活したのか？　記事には〝「2％の熱いファン」一筋に〟という見出し――。

マツダの世界シェアは2％程度、それなら最大公約数を狙うのではなく、2％のファンに強く共感してもらえるために何ができるかを考え、形にしていく。たとえば、主力セダンの「アテンザ」の新型車開発の前に、世界から5人の熱狂的なアテンザファンを選び、その人たちが心底望むこととは何かを開発に反映させるというものです。

これらの記事から、何がわかるのでしょう。

これまでの自動車業界の常識でもあるのですが、以前のマツダは世界戦略という名目で、2％のシェアをいかに3％にするか、そのためには販売チャネルをどれだけ増やし、販売台数から割り出して、年に何台の新車発表するかを決め、結果どんな車にするのかを考えてきました。

「売ること」

「数字」

「モノ」

この3つに軸足を置いてきたのです。まさに利己的。自分のことしか考えていません。その結果が大赤字だった。そこで、この**利己的な3つを手放し、お客様に聞き、お客様に役立つことを考え、形にしていくことで「復活」ののろしを上げた**ということです。

どうすれば人の役に立つのか――これをお客様から聞き出し、お客様の声にフィットするような車をどうつくるかを考える。

マツダは、こう強調します。

「マツダという会社がどうやって人の役に立てるかを考えています」

一部のジャーナリストは、「まるで青年の主張みたいなことを、不惑もだいぶ過ぎたようなおっさんが熱弁するのだ」「これがビジネスの話だから、マツダには常識が通用しない」――などと揶揄《やゆ》していますが、どこが非常識なの？　メチャクチャ常識じゃないか！

僕の周りで高収益を上げている会社は、まったくこれと一緒のことをやっています。むしろマツダが遅いくらい。でもね、ジャーナリストはマツダの戦略に一定の評価を示しつつも、これを〝非常識〟と言うのです。

実はこれが「売り方」の基本——神髄です。

マツダも売り方の神髄に気づいたわけです。

◉——感動を生み出しているものとは?

お客様は、その商品やサービス、そして「コト」に何を求めているのでしょうか。改めて言うまでもなく、「コト」とは、商品やサービスに付随する様々な出来事や要素のことですね。「関係することのすべて」と言ってもいい。

もちろん、価格などもあります。けれどもいちばん重視しているものは「感動」だと僕は思うのです。感動というと大げさなら、**「買ってよかった」「販売員や営業マンの応対は心地よかった」……言い古された言葉ですが「顧客満足」です。**

感動を生み出しているものって何だろうな？　と考えてみたとき、分かりやすいのが料理です。あなたが、料理をつくるとします。誰につくるか分からない料理って、何をどんな味付けでつくったらいいのか分からなくないですか？　漠然と美味しい料理をつくるのって意外とむずかしいものです。相手が見えないんですから。

でも、つくる相手が明確だとしたらどうでしょうか？

あの人は、濃い味が好きだし、そういえば、昨日はパスタを食べたって言ってたし、お肉が好きで、しかも羊の肉が大好きだし……。野菜は嫌いだけど、身体のことを考えて美味しく食べられるように料理に合ったお酒も用意しよう！

……というような感じです。相手のことを思い浮かべ、喜んでもらうには、楽しんでもらうには、どうすればいいだろうか？　というふうに思えば思うほど、その思いが込められていって、その思いが伝わり感動につながる。

当たり前ではありますが、**感動するのは人であり、感動させるのも人だということです。だから、まずあなたがちゃんと人（相手）を見る。**これが基本になります。

そういった意味で、先ほど紹介した家電量販店での接客もそうです。あの一件以来、うちの嫁さんはその店の、その人に、ずっと何か買うときは相談しています。うちの家族をしっかり見てくれて、ちゃんと知ってくれて、じっくり相談に乗ってくれる。

信頼の根本になっているものは、

「知ってくれている」
「分かってくれている」

単純だけど、ここなのです。

それを感じてもらうために、お客様一人ひとりに興味を持ち、聞いていく。

・どんなコトで困っているのか？
・どんなコトがしたいのか？

お客様の中にある「コト」に気づき、

・どうすれば、困っているコトを解決できるのか？
・どうすれば、したいコトが実現できるのか？

一緒に考え行動していく。その中で、あなたの商品やサービスも必ず必要であり、役割があるはずです。いろんな手法は、そのあとについてきます。

「あぁ、こうすれば役立つのか」
「そうか！　こうすれば喜んでもらえるんだ」

そんなことを実感していく中で、自分の商品やサービスの価値に改めて気づく。そうすると、商品やサービスが好きになり、自分の仕事も好きになり自信につながるのです。

・誰に、どんなコトができるのか？
・それが、もっとどうすればできるのか？

あなたの仕事はモノを売ることではないのです。そこに気づき、自分の本当の仕事を見つけ、好きになっていくために、より具体的に進んでいきましょう。

◉――興味とは愛情そのものです

僕自身、サラリーマン時代に体を壊し、リストラにあい、正直引きこもろうかとも思ったということを先ほども書きました。ストレスで髪の毛がすべて抜けたのです。髪の毛のあとは、まつ毛、まゆ毛、ヒゲからスネ毛まで、体中の毛という毛が抜けました。

そうなると、ほんと見た目に悲惨で、多くの人が腫《は》れ物に触《さわ》るように僕のことを扱うようになりました。

近くにいた人も、どんどん離れていきました。なるべく関わらないようにしよう。そんな雰囲気が伝わってきました。

これって、一番しんどいんですよね。**髪が抜けたことよりも、みんなの見て見ぬふりのような「無関心」さがしんどかった。**

正直、どうしていいのか全く分かりませんでした。そんな状態でも、なんとか立ち止まれたのは、関心を持って支えてくれた友人、先輩、知人がいたからです。

関心を持って、話してくれる。
興味を持って、聞いてくれる。
ちゃんと僕を見てくれる。

はっきりした理由なんかじゃない。関心を持って接してくれる。それが大きなパワーになったのは確かです。そしてそれが、こんなにも幸せなことなんだと、そのときに気づきました。

関心や興味というのは、言い換えれば愛情そのものなんですね。

商売（ビジネス）も、根本は同じです。

お客様に、興味や関心を持つ。それは、お客様に愛情を持つのと同じこと。
愛情を持ち、それを形にして伝える。それが、商売の神髄であり、根本なのです。

お客様は、感情を持った「人」です。「物」ではない。こちらの思いや気持ちを敏感に感じ取ります。だから、**人を好きになる、人に関心を持つことは、「売る」ということの基本の第一ステップ**なんです。

さあ、ここからは具体的に、お客様のことを知るための方法についてお伝えしていきましょう！　でもそれは、テクニックなんかじゃ、ありません。気持ちのこもったアプローチです。

第2章

「知る・見る・聞く」から すべて始まる！

技術や手法は、もちろん大切。
だけどその前に、お客様のことを知ることが、
もっと大切。
そのためにはお客様をよく見ることです。

1 伝え方が9割なんてのはウソ!?

まず、お客様のことを知ろう!

『伝え方が9割』という本が、ベストセラーになりましたね。僕もマーケティングを通して「価値の伝え方」をクライアントさんと一緒に考えてきた者として、伝え方は本当に大切なんだと実感しています。

ただ、いろんなことの中で、「伝え方」が9割を占めるほど大切かというと、僕の意見は違います。

「知る・見る・聞く」が5割

「伝える」が5割

こう言ってしまうと、「バランスよくしていくこと」だけが重要なように感じますが、そうではありません。もちろんバランスは大事ですが、実際はどちらが何割というよりも、**「知る・見る・聞く」と「伝える」は相互関係にある**——と思うんです。

「知る・見る・聞く」ができればできるほど、伝える精度も上がってくる。

つまり、「知る・見る・聞く」ができていなければ、いくら「伝える」ことをやっても伝わらないという結果が返ってくるのです。これが、いちばん顕著な例としてあげられるのは日本の家電メーカーです。

ＳＨＡＲＰ、ＴＯＳＨＩＢＡ、ＳＯＮＹ……軒並み苦戦を強《し》いられている状態ですが、少し前までは逆の状況だったのは皆さんご存じの通りです。

過去最高益を出していた家電メーカーが、今や買収や倒産の危機に陥った原因は、「知る・見る・聞く」を怠ったからなのです。

各社とも競って、３Ｄテレビ、２Ｋ、４Ｋテレビ……、どんどん技術力を上げてキレイな映像が見られる高性能なテレビを作り出してきました。けれども消費者は、そんなきれいなテレビが欲しかったのでしょうか？　女優の毛穴まで見えるような、そんな高解像度のテレビが本当に必要だったのでしょうか？　高度な技術のものを欲しがる人は、もちろんいます。だけど……、

正直、僕は、いりません。

だったら、もっと薄くて壁掛けができて場所を取らないようなテレビとか、今の部屋の雰囲気に合うようにちょっとカスタマイズできるような、使いやすいテレビが欲しいと思うのは僕だけではないはずです。

あなたは、どう思いますか？

結果的に、僕のような人が多かったんでしょうね。消費者の思いと違う方向に行ってしまった日本の家電メーカーは、いま現在、瀕死の状況です。

◉──お客様のことを知るには、お客様のことをよく見る！

知るためには、どうすればいいでしょうか？

簡単です。

お客様のことをよく見て、何に困っているのか、何が欲しいのか……それを察するのです。「当たり前だろ」と言ってはいけません。

察するだけでは足りないんですね。

「どんなもの（コト）が欲しいですか」

「どんなもの（コト）が心地よいですか」

それを具体的に聞き出すのです。もっとお客様を「知って・見て・聞き出して」いれば……きっと状況は変わっていたのに。

残念です。

本当に残念です。

高度な技術は誰のものか。何のためのものなのか――。必要なのか必要ではないのか。

そして、お客様は望んでいるのか。望んでいるなら、どの程度か――。

そうやって、知って、見て、聞くことは、決して売るためのものではありません。消費者の生活を豊かにしたり、便利にしたりするものであるはずです。

だからこそ、「知る・見る・聞く」が本当に大切であり、基本になるのです。

2 お客様から何を「聞き出す」か？

◉聞き出さないと、お客様のココロは、分からない

先ほど僕は「お客様のことを知るのは簡単です」と言いました。そのためには「聞き出すこと」だとも言いました。

聞くための方法はこれからしっかりお話ししますが、何はともあれ知って、見て、そして聞き出すことで、どうなるのか？

・どんな状態なのか？
・どんなコトで悩んでいるのか？
・どんなコトを望んでいるのか？

このように相手（お客様）を知ることで、自分のできるコト、やっていきたいコトが明確になります。考えてもみてください。**お客様のことを知らなかったら、何をどう売ればいいかも分からない。**

いや、売る・売らないより先に、お客様に喜んでもらえません。

・誰に、どんなコトができるのか。
・誰に、どんなコトをしていきたいのか。

これが、お客様に対する「思い」です。

その「思い」を伝えていくことが、とても大切になってくる——。

◉——お客様に喜んでもらうことを考えよう！

お客様に喜んでもらうには？　楽しんでもらうには？　どうすればいいのか？

「できるコト」って何なんだろうか……？

仕事をしている以上いつも考えていることではあるのですが、漠然と考えているケースが多くありませんか？

この章では、「知る・見る・聞く」をどのように具体的に実践していくのかを説明します。最初にお伝えしておくと、それほどむずかしいことではありません。いや、もしかしたら当たり前にやっていることかもしれないのです。

ただ、**当たり前に「なんとなく」やっていることを、きちんと整理してしっかりやることで、確実に見えてくることが違う**のです。

◉ただ見ているだけでは、お客様のことは分からない

あなたは、お客様のことを見ていますか？　と言われたら、どう答えますか？

「そりゃ、いつも接してるんだから見てるよ！　当たり前だろ」

そんな声も返ってきそうですね。

では、もうひとつ質問です。

あなたのお客様は、今どんなコトに興味がありますか？

5つ以上あげてみてください、と聞かれたら？

ここでスッと5つ以上あげられる人は、素晴らしい！

でも、もしかしたら多くの方はこう思っていませんか？

「そんなもの、たくさんのお客さんがいるので絞り切れないよ」

「そりゃ、人それぞれなんじゃないの?」


さて、どうでしょう?

たとえば、あなたがケーキ屋さんを経営していたとしてください。

毎日、お客様がケーキを買いに来てくれるわけです。2つ買う人、3つ買う人、いつもショートケーキを買う人、誕生日ケーキを買う人など様々な人がいて、そのお客様をあなたは「ケーキを買いに来てくれる人」として毎日見ている。

そういう意味では、「見ている」と思います。


では、そのあなたの店のお客様は、どんなコトに興味がありますか? と聞かれたら、「それは、いろいろでしょ」ってなりますよね……。

でも、このいま**当たり前に見ている視点を、もう一歩進めてみる。つまり、「詳しく知るために見る」**——。これだけで、できるコトが分かってきます。


たとえば、小学校の入学式の日を知っていると、その日にケーキを買いに来たお客様に

「もしかして、お子様が今日入学式ですか？」と聞くことができるし、そうすると「おめでとうございます！　よろしければメッセージカードを付けさせてもらいますが、いかがでしょうか？」なんてひと言も言えるかもしれません。

ケーキ屋さんの話で、こんなことを聞いたことがあります。

「大切なお客様が来るから、ケーキを３つ欲しいんだけど、どれがオススメですか」とお店の人に聞いたところ、ひとつのお店では、一番売れ筋の商品を勧められたのです。

また別の機会に違うお店に行って同じように聞いたところ、「自転車でお持ち帰りですよね？　お持ち帰り時間は何分ほどですか？」などいくつか質問してくれて、暑くても溶けない、自転車でガタガタしても傾かないという商品を教えてもらったそうです。

あなたなら、どちらのお店に「次も行こう」と思いますか。

答えは明らかですね。

もちろん、**一人ひとりを個別に対応することができればベストですが、まずは「知る」という意味では、お客様をしっかり見分けること**。そして、その中でも一番喜ばせたいお客様のことを詳しく知ることから始めてみてください。

そうやって成功した事例を、ひとつ紹介します。

皆さんご存じのプロ野球球団、横浜ＤｅＮＡベイスターズです。

●――横浜ＤｅＮＡベイスターズのシナリオに学ぶ

「横浜ＤｅＮＡベイスターズ」――。

そう、あの決して強いとは言えないプロ野球球団です。実は、そのＤｅＮＡベイスターズは、ここ4年で来場者数65％増で、12球団の中でダントツの増加率なのです。

２０１１年の12月にＤｅＮＡが運営母体となってから、チームの成績は低迷しているにもかかわらず、確実に観客数を増員してきました。これ、今までの球団経営としては異例なことなのです。

強い球団や、優勝争いをした球団が観客数を伸ばすというのが球団経営の常識です。
強い→勝つ→盛り上がる→お客様が喜ぶ→お客様が増える
そういう構図だったんですね。確かにその通りかもしれません。でも、ベイスターズは弱くても勝てなくても来場者数を増やしていったのです。

どうしたのか？

その方法の根本は「**まず顧客を知り尽くすこと**」だったといいます。

多くの球団は球場に足を運んでくれるお客様のことを、「その球団のファン」として見ています。だけどこれだと、「ファンだから勝つのを見たい！　強い球団を見たい！　優勝争いを見たい！　だからチームを強くしないと……」という発想になってしまう。

でも、それって球団側、つまり売り手の見方じゃないの？

お客様の中には、「俺はファンで、思いっきり応援するんだ！」という人はもちろんいると思います。でも、そればっかりじゃないですよね。デートで野球観戦をしたり、仕事仲間と騒ぎに来たり、子供とレジャー感覚で来る親子だっている。

そこに気づいたベイスターズは、球場に来てくれるお客様を「ベイスターズファン」としてとらえるのではなく、誰が、どんな理由で来てくれているのか、ということをしっかりと見直してみたのです。20代のサラリーマンは？　ＯＬは？　小さな子供のいる家族連れは？　どんな理由で来てくれているのだろうか？

これをしっかりと見直すことからスタートしたわけです。

その中で、**最初に一番喜ばせたいターゲットを30代～40代のアクティブサラリーマンに絞りました**。仕事帰りに友だちと飲みに行くように球場に足を運んでもらうためにはどうしたら良いかを考え、ビアガーデンをつくったり、客席もみんなでワイワイしながら野球観戦できるようなボックスシートをつくったり……。

こうして次々と話題づくりをしていった結果、この観客増員につながったのです。

これ、示唆に富んだ事例じゃないですか？

今や年間１８０万人を動員するプロ野球球団でさえ、お客様を知ることからスタートしていったのです。「ベイスターズファン」として見るのではなく、どんな人が来てくれているのか？　を知ることで、その人たちにできるコトが見えてくるんですね。

先ほどの例で言うと、「ケーキを買いに来てくれている人」として漠然と見るのではなく、もっと、どんな人が来てくれているんだろうか、をしっかり知ることが大切です。

まずは「知る」ことから具体的にしていきましょう！

3 お客様のことを「知る」ための3つの視点

◉──お客様を知る（分けて・絞り・できるコトを知る）とは？

知る──つまり、「まず、お客様を漠然と見るのではなく分けて見る」ということ。

先ほどのベイスターズの話でいくと、「ベイスターズファン」として漠然と見るのではなく、30代のサラリーマン、20代のカップル、大学生のサークル、小さな子供を連れた家族連れなど、分けて見るということですね。

左の図を見てください。真ん中に「自分の会社名やお店の名前」を書いてみて、周りにどんな人が来てくれているのかを順番に書き出してみてください。

たとえば、一番多いお客様はどんな人？　一番喜んでもらっているお客様って誰？　一番喜ばせたいお客様って誰？　こんな感じで「誰が」をまず、書いていきます。

お客様のことを知るための視点

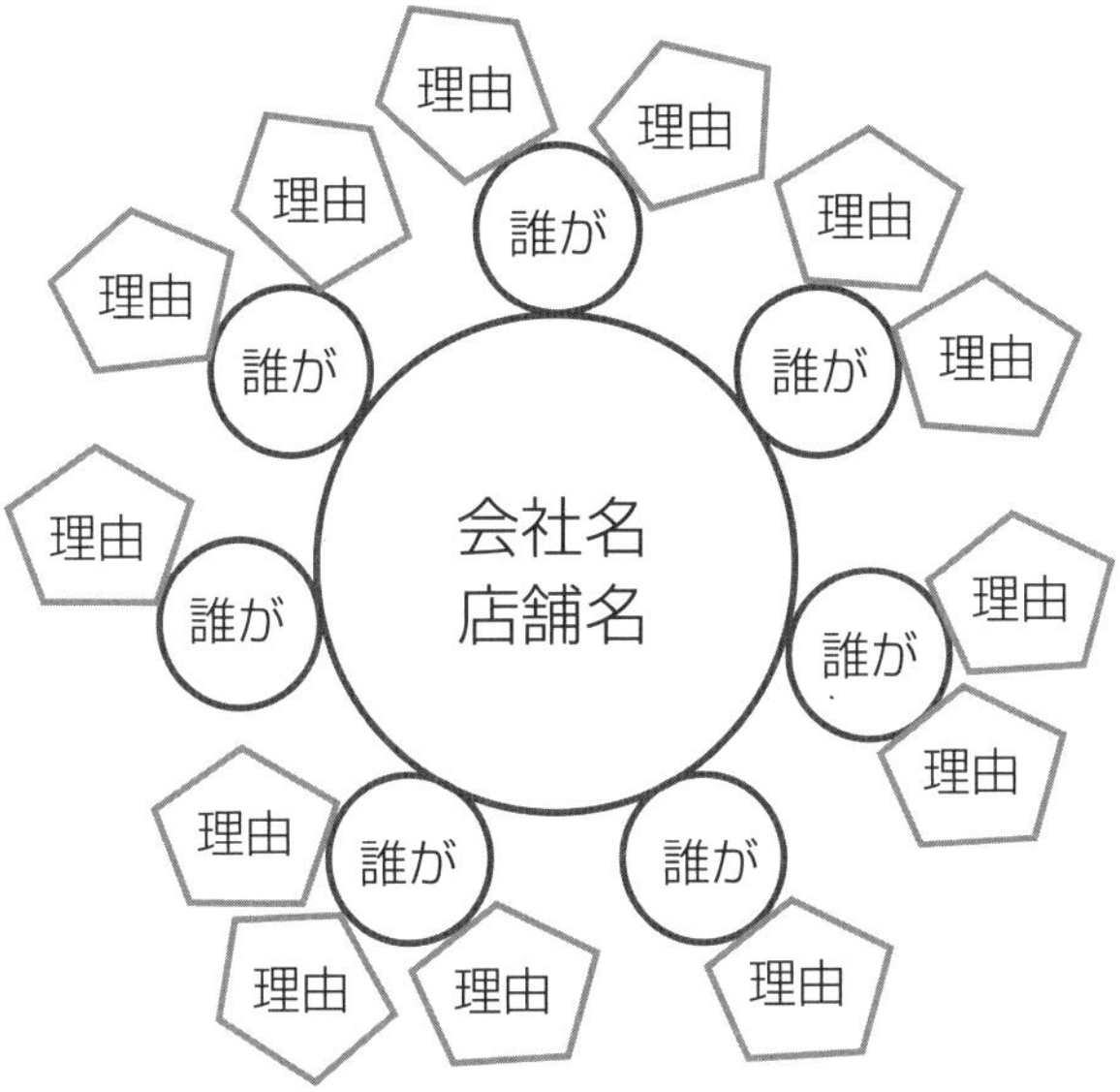

会社（店）に、どんな人が来てくれているか――を考えつくだけ書く

↓

それぞれの人について、「どんな理由」で来てもらっているかを書く

POINT

重要なのは「誰」のほう！

そして、そのお客様は「どんな理由で」来てもらってるんだろうか？　を考えてみてください。もちろん、理由はすべて分からなくてもOKです。分かる範囲で書いていきます。

ここで重要なのは「誰が」ですからね。

なかなかこれが思いつかないという方も多いかもしれません。そこで、男性と女性というところから始まり、だんだんと細分化していく方法があります。これが左の図。

男性、女性とも、「既婚か独身か」、男性の既婚者なら会社員か経営者か、あるいは一戸建てに住んでいるかマンションか……、独身なら一人暮らしか親と同居か……等々。女性でも基本は同じです。専業主婦か共働きか、職業や住まいは……と、具体的な一人のお客様の〝属性〟をイメージしていくのです。

さらに90ページのように、お客様の好みや趣味、家族構成などを図にしてみます。

どうですか？

これまでは漠然としていたお客様の〝姿〟が、具体的に分かってきたでしょ。

こうして**分けて見ると、いろいろなお客様がいることに気づきます**。これをひとまとめに「お客様」と見ていたのでは、興味を持って見ているとは言わないですよね。

お客様を細分化する

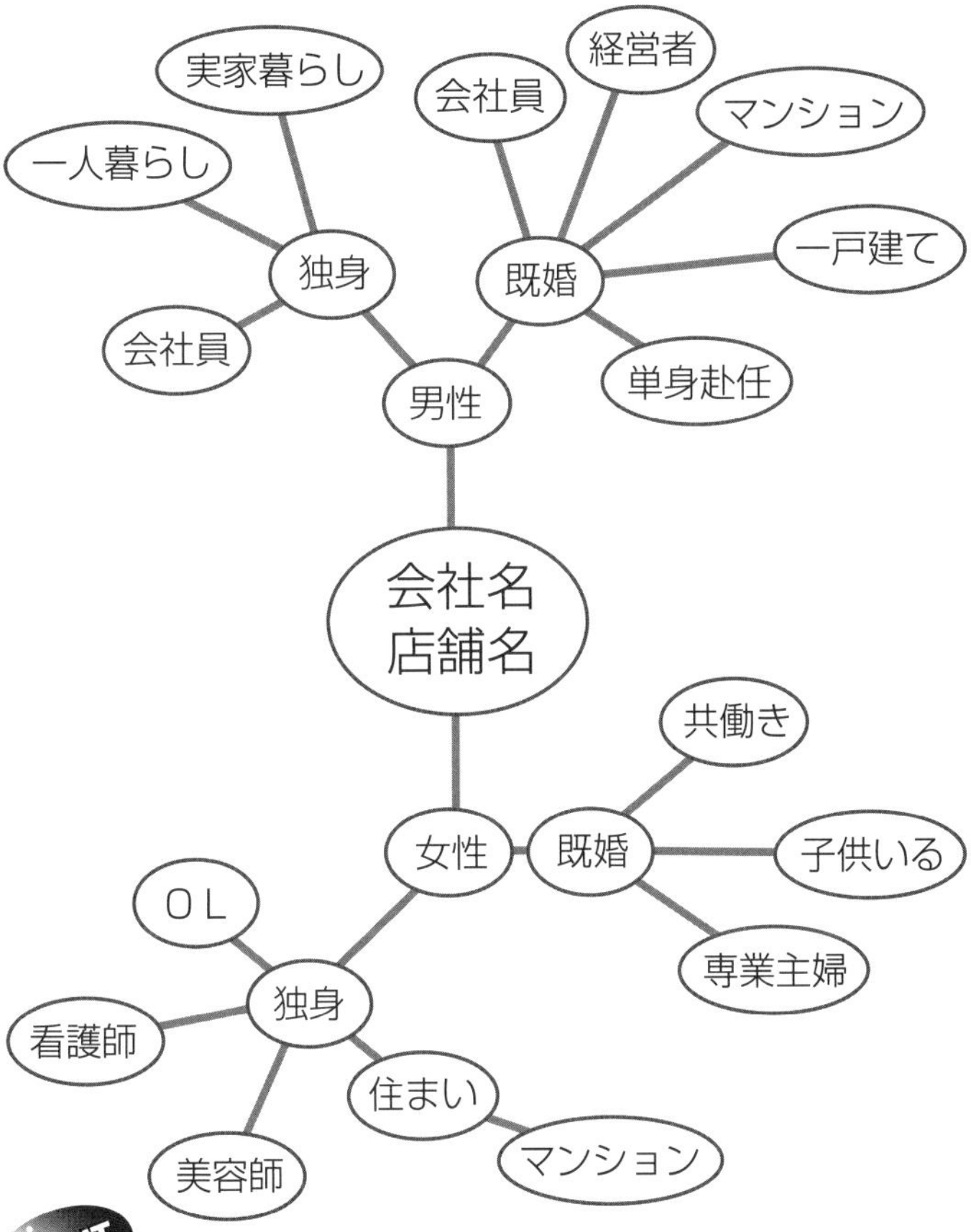

POINT

お客様に関する「属性」をイメージしていく

お客様の「好み」なども書き出していく

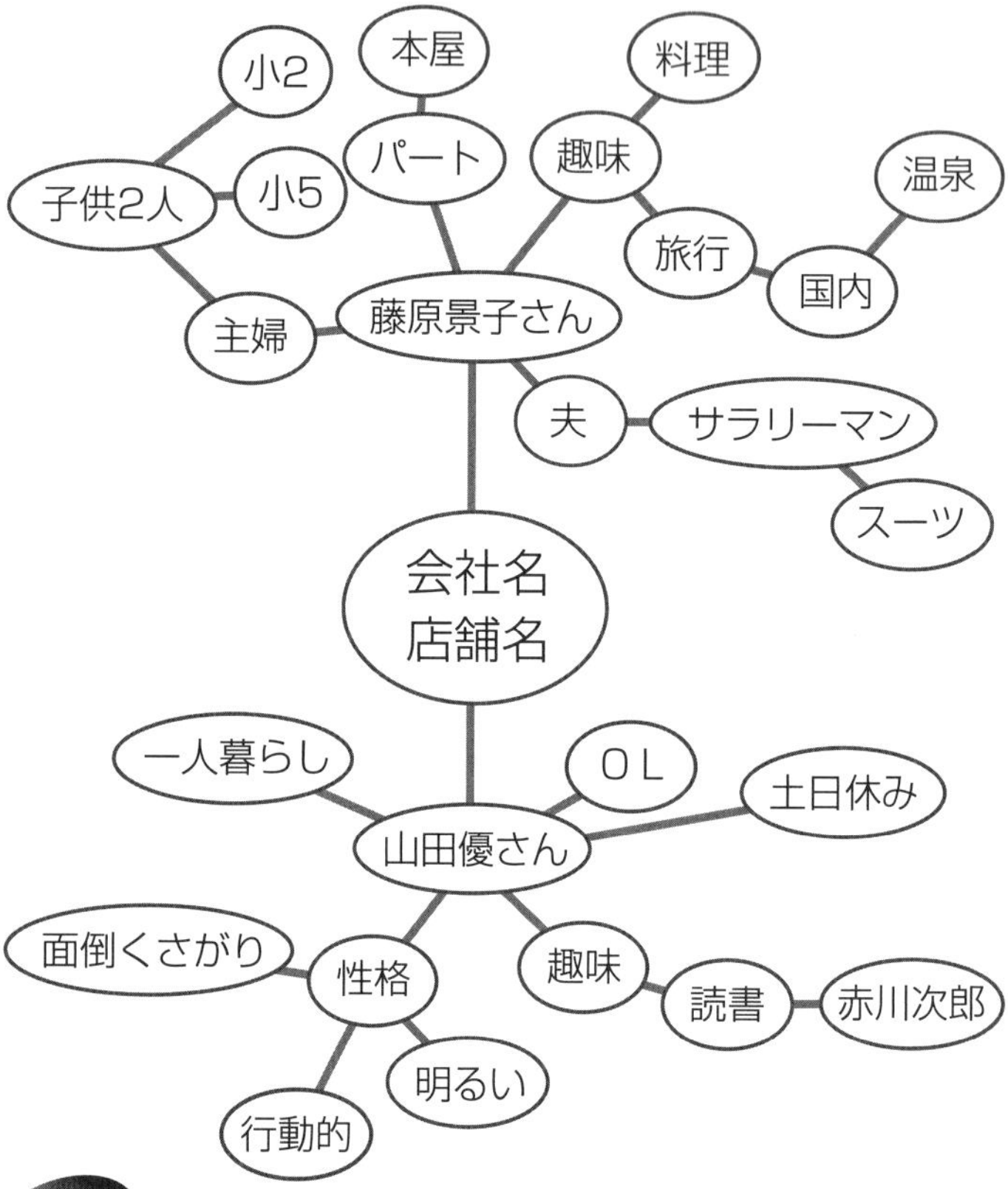

POINT

漠然としていたお客様の“姿”が、だんだんと具体的なものになっていく

ともかく、まずしっかりとお客様を分けて見る。そうすることで、お客様像が具体的にイメージできると、その人の興味のあること、悩みごとなどが見えてくるのです。

◉人数の多いお客様層から考えて、いいの？

具体的に考えてみましょう。

先日、あるお店を経営する方に質問してみました。

「お店のお客様を分けてしっかり見てみましょう。どんなお客様が思い浮かびますか？」

と聞いたところ、経営者の人は次の順番で答えられました。

・サラリーマンの夫を持つ40代～50代の主婦
・単身赴任のサラリーマン
・おしゃれな50代の女性
・ブランド好きのＯＬさん
・経営者の男性

もちろんまだまだ続くのですが、最初のほうはこんな感じです。聞くと、お客様の中でも人数の多い層から順番に考えていったそうです。

その中で、50歳のサラリーマンを夫に持つ主婦に絞って考えてみる。どんなことに興味があるか？　どんな悩みを抱えているか？　すると、考えやすくなります。

でも、「主婦」と漠然ととらえてしまうと、興味のあることや、困っていることがなかなか具体的に見えてこないのです。そうですよね。主婦でも子供がいるのか、いないのか。夫はどういった仕事なのか？　親と同居かどうか？　など様々なのですから。

要するに、年齢、性別、職業などで**お客様を絞り込むということは、ただ単純に人数の多い客層から考えるのではいけない**、ということなのです。これは小さなお店、それも小売店の例に限りません。スーパーなどの大型店でも同じです。

また、飲食店などでも同じことが言えます。

全国展開している会社やお店でも、考え方は同じです。お客様のデータが入手できるはずですから全体で絞り込み、地域で絞り込むなど、様々な工夫が考えられます。

◉自分の体験を振り返ってみよう

それと、もうひとつだけ「知っておいて」ください。それは、自己体験です。自分の体験を振り返るのです。

あなた自身も、自分の商品やサービスを使うときはお客様の一人です。だから、自分自身の体験を整理して知っておくことは、同じようなお客様にも役立つ貴重な情報源なのです。**自分に置き換えて考えてみる**のです。

自分自身の扱っている商品やサービスを真ん中に置いて、過去の記憶をたどる――。

・この商品（サービス）で、どんないいコトがあったかな？
・この商品（サービス）で、どんな「不」（不安・不満・不便）が解消できたかな？
・この商品（サービス）は、どんなときに役に立ったかな？
・この商品（サービス）は、どんなメリットがあったのかな？

という感じで、できるだけ細かく書き上げていってください。あなたの商品やサービスを通して「できるコト」が見えてくるはずです。

4 お客様をどこまで見ていますか?

◉お客様との接点にヒントがある

次は「見る」です。

実は、無意識に対応しているお客様との接点の中に、「できるコト」のヒントがたくさんあります。営業や販売をする中で、お客様に接しているこんなところにちょっとアンテナを立ててみて欲しいのです。

・お客様によく聞かれること
・お客様から来る問い合わせ
・お客様との会話の中で「もっと聞かせて」
・お客様との会話の中で「勉強になった」

① お客様によく聞かれること

これは、直接お客様と接していて聞かれることです。店頭で聞かれたこと、質問を受けたこと、あるいは営業先で単純に聞かれたことを記録しておくのです。

② お客様から来る問い合わせ

こちらは、間接的に来るお客様の問い合わせです。たとえば電話やメール、メッセージで来る問い合わせ内容を記録しておくのです。

店頭で何か聞かれても即座に答えているし、電話で問い合わせがあっても何らかの回答はその場で出していると思います。でも、これってよく考えてみると「お客様が知りたいことで、まだ伝わっていないこと」なんです。

だから、何かの方法で知らせてあげることで役に立つことができる。

たとえば、あるお店で、「これ、お持ち帰りできるの？」と聞かれるとします。持ち帰りできるお店は「もちろん、できますよ！」と答えていたでしょう。でもこれは、持ち帰りたいのに、それができることを知らない人がいっぱいいるということです。

そこに気づくと、お店に「お持ち帰りできるようになりました」と書くだけでいい。これだけで、持ち帰りのお客様が増えて売上げが伸び、喜んでもらえるはずです。

①と②。つまり店頭や営業先で聞かれることと、電話やメールでの問い合わせを分けているのは、店頭で聞かれたことは店頭でシッカリお伝えして、電話やメールの問い合わせは、そちらで対応する体制をつくるためです。

③お客様との会話の中で「もっと聞かせて」
④お客様との会話の中で「勉強になった」

皆さんはそれぞれの商売のプロですから、お客様に聞かれたら、どんなことだってたいていのことは答えると思うんです。でも、ここにアンテナを張って欲しい。

●——お客様が「前のめり」になってくる瞬間を逃がすな

たとえば、お客様と雑談をしている。そんな中で何の気なしに話していることでも、お客様が「もっと聞きたい」と思って前のめりになってきた話や、「勉強になった」という反応のあったことを話し終わったあとなどにメモしておくのです。

具体的に言うと、こんな感じです。洋服屋さんで常連のお客様との会話。

お客様「来週、友達と温泉旅行に行くのよ」
店員「へぇ、そうなんですか！　いいですね♪」
お客様「同年代の人ばっかりだし、何着て行こうかしら？」
店員「では、以前お買い上げのピンクのワンピースなんてどうですか？　あのピンクは、若く見えるピンクですからね。シワにもなりにくいし旅行向けですよ！」
お客様「ちょっと待って、若く見えるピンクってどういうこと？」

「若く見える」というところでグッと前のめりになってきてるんですね。**前のめりになる＝興味がある、ということです。お客様が興味のあるコトがわかる大きなポイント**なんです。でもたいていの場合は、なぜこのピンクが若く見えるのかを説明して、お客様がなるほど！　と思っても、気にすることなくそのまま忘れていくのです。

もったいないです。
だから、ちゃんと書き留めておいてください。

僕が個別に指導しているクライアントさんには、店舗日報があるところは店舗日報に、営業日報があるところには営業日報に、この4つの項目を書き留める欄を設けてもらっています。これ、本当にバカにならないくらい「自分たちができるコト」の大きなヒントをくれることが多いんです。

ですから、**お客様との接点を大切にして「見る」ポイントを定めてください。**

ここで、クレームについても少し触れておきましょう。

僕は基本的には、「クレームは気にしなくていい」と考えます。誤解のないように言いますが「クレームは聞くな！」と言っているわけではありません。

これだけ消費者が多様化、個性化している中で、すべてを叶えるというのは無理です。たしかにクレームの中に改善すべきヒントが含まれていることもあります。でもけっこうな無理難題もあります。

お客様のクレームに右往左往するよりも、自分たちのできるコトに集中していく。そのためにちゃんとお客様との接点にしっかりとアンテナを張ることが大切なんですね。

そうすることで、クレームも事前に防げたりするものです。

お客様によく聞かれること、
お客様から来る問い合わせ、
お客様から「もっと聞かせて」、
お客様から「勉強になった」、
——この4つを書き留める！

5 「聞く」ことで確かめる

●――いちばん簡単なのは、直接聞くこと！

そして次は「聞く」に入っていきます。
直接お客様に「聞く」ということ。これも本当に大切なことです。
あなたは、こんなことを疑問に思ったことはありませんか？

・どうして、うちのお店に入店してくれたんだろう？
・どうして、この商品を購入してくれたの？
・どうして、うちの会社と付き合ってくれてるのだろう？

最も簡単な方法は、営業先や直接店頭で聞いてみることです。店頭で

「今日お越しいただいたのは、初めてですか？」

「たくさんあるお店の中からお選びいただきありがとうございます」

「もしよろしければ、当店を選んだ理由をお聞かせいただいてもいいでしょうか」

営業先なら、こんな感じですね。

「商品購入前に、どんな悩み、不安、不満がありましたか？」

「最終的に、商品を買う決め手となったものは何でしたか？」

「商品を使って、どんな変化がありましたか？」


こうしてお聞きすることで、言ってもらえることも多いのですが、そんな時間がないとか、なかなか面と向かって聞かれると答えにくいということもあります。

そこで、おすすめなのが「アンケート」です。

なんだ、アンケートかよ！　と思ったあなた、ちょっと待ってください。

ここでのアンケートは、今までのアンケートとはちょっと違います。**自分たちが「どんなコトができるのか」を聞き出すという意図を持ったアンケート**なのです。

実は、僕のクライアントさんだけではなく、僕の実践塾でも、このアンケートは必須になっているのです。それだけ売り方の基本として大切だと言えます。

◉——アンケートは、何でも聞けばいいというものではない

アンケートは、ただ何でも聞けばいいというものではありません。目的と意図を持って聞くことが大切です。何が聞きたいかというと、これです。

・あなたの商品（サービス）を通して、どんないいコトがあったのか？
・あなたの商品（サービス）を通して、どんな「不」が解消できたのか？
・あなたのお店に来て、どんないいコトがあったのか？
・あなたの会社と付き合うことで、どんな変化があったのか？

「できたコト」を聞き出し、これを自分たちで再確認していくことで、さらに「できるコト」を明確にしていくのです。

僕は、これをコトを聞き出すアンケート「コトアンケート」と呼んでいます。

このコトアンケートをもとにお話しします。

コトアンケートは、４部構成になっています。

①キャッチコピー
②個人の名前を出す
③自分がもらって嬉しかった声
④「よかったコト」「変化のあったコト」「喜びの声」をお願いする

順番に解説します。

①キャッチコピー
アンケートにおいてもキャッチコピーは大切です。目に留まること、取って欲しい行動を明確にするコピーをここに書きます。小さく「アンケートのお願い」なんて書いてると目にも留まりませんからね。ここでは、

「喜びの声を聞かせてください」

「よかったこと、変化があったことを聞かせてください」

などがいいですね。

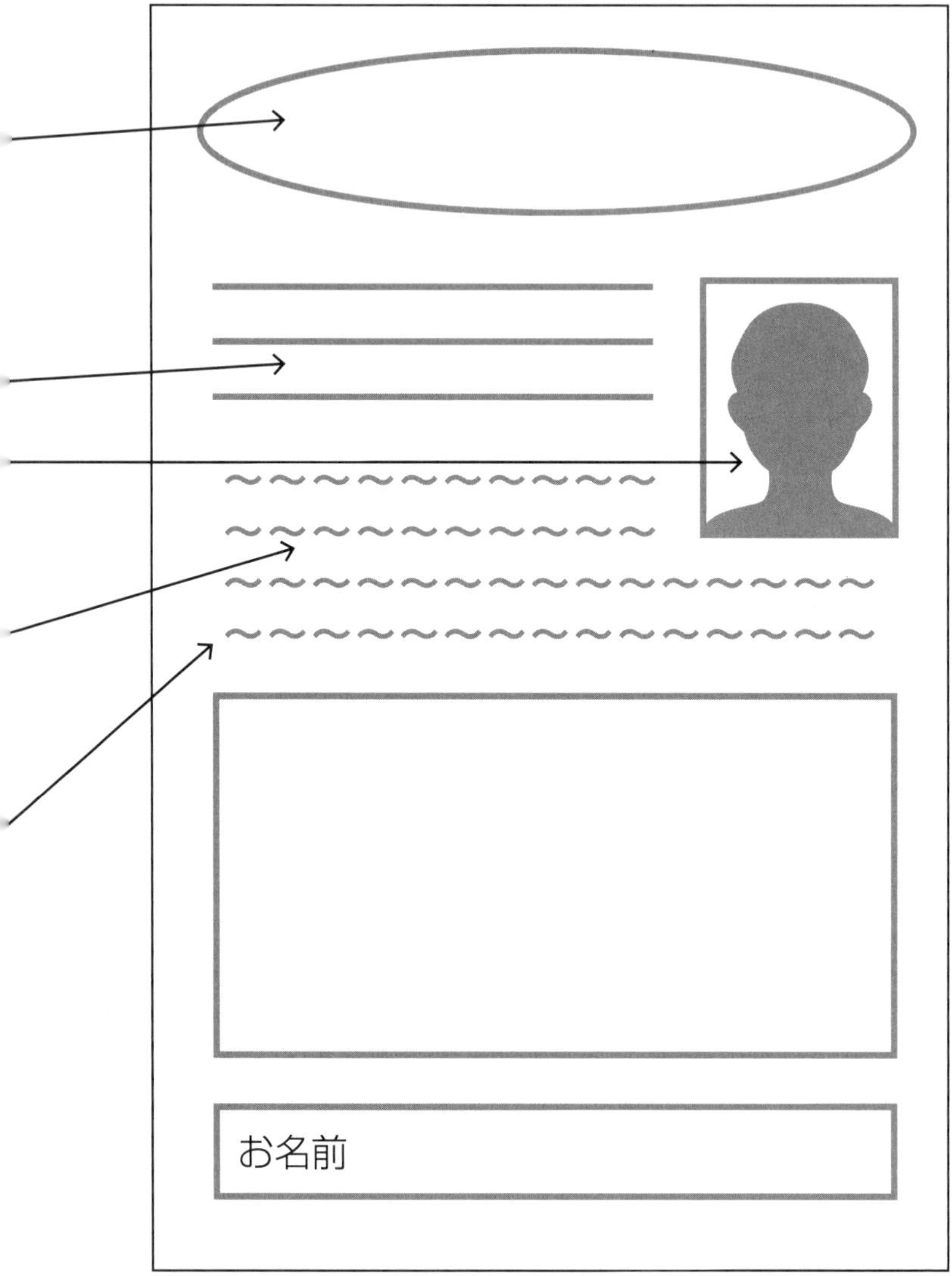
お名前

!? コトアンケートのつくり方

①キャッチコピー
（喜びの声を聞かせてください）
（熱いメッセージをお願いします）

②商店名、会社名だけでなく
明確に「個人の名前」を出す

写真
（笑っている写真）

③内容
実際にどんな声をもらって
嬉しかったかを具体的に書く

④最後に、
「喜びのメッセージを
お願いします！」と書く

② 個人の名前を出す
次に、挨拶と、誰がこのアンケートをつくっているのかを書いてください。
「こんにちは。○○商店の□□です」
「いつもありがとうございます！　○○株式会社の□□です」
といった感じです。

このときのポイントは、**会社としてアンケートをお願いするのではなく、会社のスタッフ、つまり「人」からお客様という「人」にお願いをすること。**

何百人、何千人にアンケートをとっても、最後に書いてくれる人は「ひとりの人」です。だからこそ、こちらも「人」を出すことが大切です。

それと、アンケートを書くほうの気持ちになってみると分かるのですが、○○株式会社から聞かれるよりも、自分の営業担当から聞かれるほうが身近に感じます。いつも接している「人」が見えたほうが安心して書けるじゃないですか。できたらメッセージの横に写真をつけるとより効果的です。

③ 自分がもらって嬉しかった声

次は、自分がもらって嬉しかった声を書いてください。

書く側からすると、いざ書こうと思ってもどんなことを書いたらいいのか悩んでしまうと「また今度でイイか」という感じになりがちです。すぐに書いてもらえるように、自分がお客様からもらって嬉しかった声を書いてみてください。

④「よかったコト」「変化のあったコト」「喜びの声」をお願いする

さて最後です。最後に書いてもらうのは、いちばん聞き出したいことです。

率直に、書きましょう。

「私たちの商品やサービスを通して、よかったコト、変化のあったコト、喜びの声を聞かせてください！」

「うちに通って、よかったコト、変化のあったコト、喜びの声をお願いします！」

こうしてメッセージを発信して、お客様の言葉と文字でフリーに書いてもらうのです。

!? コトアンケート——㈱マツミ(防水・塗装業)

お客様の声をお聞かせください!!

■営業部　宮脇美樹《みやわきみき》です

この度は、マツミを選んでくださり、ありがとうございました。
ご縁を頂いたことに感謝しております。
「宮脇さんにまかせて良かった」「相談して良かった」など、
喜びの声を聞くと、私のパワーの源になります。
皆様の「ありがとう」の一言で支えられています。
これからも、日々精進し頑張ってまいりますので、
喜びのお声をお聞かせ下さい!

最もシンプルなパターン

●お客様の声●

お名前

＊ご協力ありがとうございました。このご縁に感謝しています＊

!? コトアンケート――ヤマモトスポーツ（スポーツ用品修理など）

あなたの「喜びの声」を聞かせて下さい

こんにちは。ヤマモトスポーツの二代目社長の山本です。

日頃は皆さんのグローブの型付や**修理作業**をやっています。

時には作業が重なり朝方まで行うこともあります。

でも、型付けしたグローブをはめて「わっ！すごい柔らかい！」「手にフィットする！」

修理したグローブを見て「きれいに直った！」「修理してくれてありがとう！」などの
「喜びの声」を聞くと、さらに作業にも熱が入ります(笑)

そこでぜひ、グローブの型付け、修理をしたあなたの**「喜びの声」**をお聞かせ下さい。

皆様の声が作業の「エネルギー」やスタッフの「元気の源」にしたいと思います。

スタッフへの応援メッセージも歓迎！　ご協力よろしくお願いします！

手書きで思いを伝えている

「喜びの声」をお聞かせ下さい！

お名前 or ニックネーム　　チーム名 or 学校名

ご記入後はスタッフに預けるか、FAX（0532-41-6368）にてお願いします。

コトアンケート――錦水館(旅館業)

あなたの喜びの声を聴かせて下さい♪♪

この度は、宮島「錦水館」へご宿泊頂きまして、ありがとうございます。
錦水館の6代目修行中・・宮島思い出づくりアドバイザーの武内智弘です。
家業の仕事に帰って、早いもので7年が経ちました。
修行先から帰った当初は現場でお客様のお部屋案内や
喫茶サービス、裏方の清掃の仕事、皿洗いなど、スタッフと一緒に
汗をかき、お客様をお出迎えしていました。今も毎日が充実した日々です。
また、私の至らない点があり、お客様からお叱りの言葉も沢山頂きました。

でも、お泊り頂いたお客様から「ありがとう」「錦水館が好きになりました。」

「ここのスタッフさんは、親切だね」「宮島の旅が一生の思い出になりました。」

という沢山の温かい声をお手紙やアンケートで頂く度に、
私やスタッフも、よりお客様に喜んでもらおう！と元気や勇気をもらえます。

本当にありがとうございます。

是非、今回 錦水館に泊まって嬉しかったこと、良かった事など、
お喜びの声を、お聞かせて下さい。スタッフみんなの元気の源にしたいと
思います(^-^)より一層、宮島や錦水館で笑顔になって頂けるように
頑張ってまいりますので、どうぞ、ご協力をよろしくお願い致します。

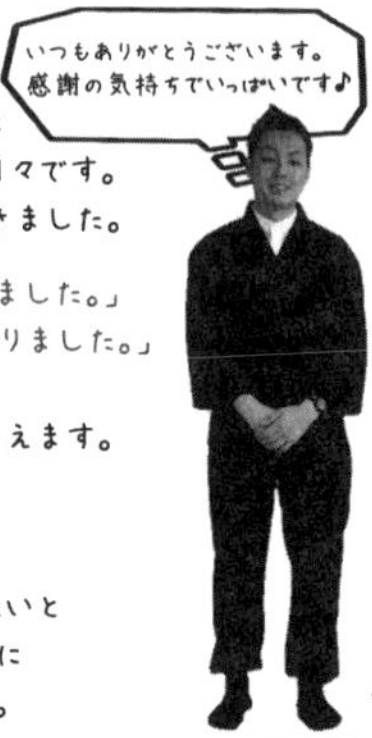
いつもありがとうございます。
感謝の気持ちでいっぱいです♪

若旦那のエピソードを通して共感を得る

日付:　　年　　月　　日

お名前(ペンネーム)

錦水館の宿主 宮島のトニーです。
I♥宮島

ご記入頂いた「喜びの声」はWEBなどでご紹介させて頂く場合がございます。

掲載がイヤだな〜って方は、お手数ですが右の□に✓して下さい。　掲載はNGです □

◉――お客様は、モノを求めてはいない!?

ここで一度、最初に書いたことを思い出してみてください。

モノを売ることが仕事なのではなく、
お客様の困っていることに対応するのが仕事。
だからお客様に興味を持ち、聞いていく。

どうでしょうか?
いくつかの事例などを通して、「知る・見る・聞く」を考えることで、お客様の興味があること、困っていることがどんどん見えてきたのではないでしょうか。
モノよりコト――多くの方は、「そんなこと分かってるよ」とおっしゃるかもしれません。でも、僕から見れば、まだ本当には分かっていない。**もっと見つめて、お客様の考えていること、悩んでいることを知らなければならない。**

内閣府が行なっている世論調査のひとつにこんな項目があります。

「これからは、心の豊かさを求めるのか、物の豊かさを求めるのか」

この統計によると、物の豊かさと心の豊かさの両方が拮抗していた時代は、昭和55年（1980年）までで、それ以降は心の豊かさを求める人が年々増加していて、物の豊かさを求める人が年々減少しているのです。

そして、今後この差はどんどん広がっていくと予想されます。


つまり、もうモノの時代ではなく、心の豊かさを求める時代だということです。心の豊かさを求める時代になっていく今、もう一度お客様を見つめ直してみるのです。

お客様は、モノやサービスを欲しいわけではない。心を満たして欲しいのです。

そして、そういう心を満たすことこそが、「売り方の神髄」だと思います。

そのためには、お客様が誰で、そのお客様が、どんなことで困っていて、どんなことに興味があるのかを見直すことが必要なのです。


お客様のコトが見えてきて、初めて自分たちができるコトが見えてくる。この的を外すといくら頑張っても喜んでもらえないし、決して成果が出ることもないのです。

もうモノの時代ではなく、
心の豊かさを求める時代。
お客様の求めているコトを見ないと
的外れな売り方になる。

6 もう一度、「モノ」から「コト」へ！

◉──「モノ売り」の時代は終わった！

モノからコトへ──これは昨日今日、言われ始めたことではありません。経営者の方も、売り場の人も、営業の人も、頭では分かっている。なのに「売れない」と嘆く。

これ、少しおかしくないですか？

やっぱり**心のどこかに「売りたい！」という気持ちが、ドン！　とあるからです。**

これでは本当には売れません。

モノをいかにして売るか？　それは、お客様がモノを求めていた時代には非常に有効で効果的な考えでした。その時代のビジネスモデルはシンプルでした。

■何を（商品やサービス）
■誰に（どんなターゲットに）
■いくらで売るのか

このシナリオをいくつも書いて実践し、効果のある方法を見つけ出すことでよかった。でもこれはモノの豊かさを求めている人へのビジネスモデルでありシナリオです。

時代は変化し、**心の豊かさを求める人がどんどん増えてくる時代には、モノ売りのビジネスモデルは通用しない**。ビジネスモデルの原型を変えていく必要があるのです。

お客様は、困っているコトを解決したり、興味のあるコトを深めることで、心の豊かさを求めているのです。だからこそ、心の時代のビジネスモデルはこうなります。

■誰に（どんなコトに興味のある人に・どんなコトで困っている人に）
■どんな付加価値を付けて（+αとして喜ばれること、困りごとを解決できること）

その結果として、

■何を
■いくらで買ってもらうのか

「何を」というモノがスタートではなく、「誰に」という人をスタートにしたビジネスモデルとして シナリオを考えていかないといけないのです。

◉――モノ起点ではなく、人を起点に考えることが大切です

つまり、モノを起点にするのではなく、人を起点にする。

でも、これは当たり前と言えば当たり前なのです。しかし、そこがいつの間にか狂ってきた。いいモノを作れば売れる。技術があれば売れる。そんな時代が長く続いたからです。そしていつしか、それが当たり前になってきた。

だけど、少し考えてみてください。もう、モノは有り余っている。そして、多くの商品は一定のレベルを超えたいい商品です。粗悪な商品なんて、ありませんからね。

お客様は、一見モノを買っているように見えて、別のコトを買っているのです。だから

こそ、モノ売りからコト売りへ――。求めているのはモノではなく、ココロの豊かさなのです。

そういう意味で、どこに視点を置くかというと「モノ」ではなく「人」であり、もっというと「人」の中にある「コト」にスポットを当てる必要があるのです。

付加価値の考え方についても同じです。モノに、いくら機能やスペックを追加しても意味がありません。人を見て、その人の中にある「コト」に着目して、できるコトを増やしていく必要があります。

◉――あなたは、お客様の何のお手伝いをしているのか？

こうして考えていくと、もう「売ること」が仕事ではないということに気づいてきたと思います。そう、売られることをお客様は求めていないのですから。

「売りたい」は売り手のエゴなのです。

だったら、どうするのか？　一度考えてみてください。

あなたは、お客様の何のお手伝いをしているのか？

売り手側ではなく、買い手側＝お客様の横に立ってみてください。お客様のしたいコト、困っているコト、不安に思っているコト、そんなお客様の中にあるコトを叶えたり、解決するお手伝いをしているのだとしたら……。


さぁ、どうでしょうか？

あなたの立ち位置が見えてきましたか？


たとえば、化粧品を販売する人は、店頭にせよ訪問販売にせよ、化粧品を売ることが仕事ではなく、化粧をすることを通して「印象を良くするお手伝い」をしているんだ。

洋服を販売する人は、洋服を売ることが仕事ではなく、着る洋服によって「自信を持ってもらうお手伝い」をしているんだ。

食品スーパーで販売をする人は、お肉や魚を売ることが仕事ではなく、新鮮な食材を通して「健康アップのお手伝い」「家族団らんのお手伝い」をしているんだ——。


マーケティングに詳しい人なら、こんな話を聞いたことがあると思います。

「お客様はドリルが欲しいのではなく、ドリルを使って開ける穴が欲しいのだ」

要するにお客様が欲しいのは、モノ（ドリル）ではなく、穴を開けるコトだということ。

これは、法人向けの営業でも同じです。

印刷会社で働く営業マンは、印刷の仕事を取ってくることが仕事ではなく、印刷物を通して「集客のお手伝いや売上げアップのお手伝い」をしているのです。

食品メーカーの営業マンは、自社の食品をスーパーに売ることが仕事ではなく、食品を含めて「小売店の繁盛のお手伝い」をしているのです。

ここで一度考えてみてください。

あなたの仕事の本質は、「いかにして売るか」――つまり営業や販売ではない。お客様の何のお手伝いをしているのか、なのです。

売ることが仕事ではなく、お客様に役立つことが仕事だということ。

知っているはずなのに忘れている。それを思い出す必要があるのです。

◉——ある酒屋さんが地域に溶け込んだ例

ここまでのことを、少し頭の中に置きながら身近な例で考えてみます。あなたの町に酒屋さんはありますね。

ディスカウントの酒屋さんが全盛の時代ですから、町の酒屋さんは本当に大変です。どうにもできずに潰れていくお店が多い中、売上げを伸ばし続けるお店がありました。

もちろん、そういうお店も最初から順調だったわけではない。売上げは年々落ちていた。店舗で酒を置いて売ってるだけだと、値段では大型のディスカウント酒屋さんには負けるから、近所の食堂やスナックなどに酒を卸しながら生計を立てていたりしますね。

でも、それも限界。

ここで改めて、顧客名簿を眺めてみる——。

すると、公営団地の人からの注文が多いことに気づいたのです。でも、すぐそこにディスカウントスーパーがあるのに、どうしてうちで注文してくれるんだろうか？　不思議に思って、いつも注文をいただく団地のお客さんに直接聞いてみたのです。

「なんで、ディスカウントスーパーがあるのに、うちに注文をくれるんですか？」

そうしたら、多くの人が同じ答えだった。

「そら、玄関まで配達してくれるからやんか」って。

そこから始まったのが、団地専門宅配サービスでした。毎日同じ団地に行くので、配達のついでにチラシを配って、翌日の午前中までにお電話をいただければ、その日のうちに配達します！　というものです。

大好評で売上げも伸びました。

●──「付加価値」でお客様に喜んでもらおう

しかし、同じサービスを、しかも低価格でしてくるところが出てきた。

そこで、**宅配時にモノのチラシだけを配るのではなく、ちょっとしたニュースレターを配ることにした**のです。団地に住む人は年配の方が多く、少しでも元気になってもらおうと、体に優しいレシピや、孫が喜ぶプレゼントや、自分の祖母と子供の話などを書いて、毎月届けるようになったんです。

そして、チラシよりも、ニュースレターにどんどん力を入れるようになった。そのほうが、配達に行ったときに喜んでもらえたし、お客さんとの話題も増えて、コミュニケーシヨンがとりやすくなったからです。

今や、その酒屋は、団地にはなくてはならない特別な存在になっているのは言うまでもありません。


そうやって、喜んでもらって、楽しんでもらって、気づいたことがあります。

「そうか、お酒を売ることが仕事じゃないんだな」――。

じゃあ、何が仕事かというと「公営団地の人たちを、笑顔で元気にするお手伝い」こそが仕事なんだということ。


お客様のコトを見て、できるコトを増やしていくことで、この酒屋は独自の付加価値を手に入れたのです。

このことで分かるのは、**付加価値とは「お客様にできるコト」**という定義づけです。

これを僕の中では、〝付加価値コンテンツ〟と呼んでいます。コンテンツとは、お客様にとって役立つ情報と行動ですね。


繰り返します。

・お客様に、どんなコトができるのか？
・それは、どうしたらもっとできるのか？

それを考えて、「できるコト」を積み重ねていくことが基本になるのです。お客様を「知って・見て・聞いて」できるコトを考え実践していく。そうして積み重なったものこそが独自の価値になるのです。

独自の価値は、お客様とあなたの間に存在するものであり、決して競合他社を見ながら、争い、奪い合っている中でできることではないということです。

力を入れるところを間違ってはいけません。
力を入れるポイントはひとつです。

図を見てください。
お客様がいて、競合他社がいて、自分の会社がある。３つの輪の接点のどこに力を入れるのか？

自分の会社と、競合他社の接点か？

お客様と競合他社の接点に割って入るか？

自社とお客様の接点を強化するか？


こうして考えてみると、答えは明らかです。

図で言うと、Cの部分ですね。つまり、自社、自店とお客様が接している部分です。いろいろなお客様がいる中、とくに自社、自店に近い人が必ずいるはずです。


ターゲット……いや、考えるべきところは、ここのお客様です。

ところが競合他社と交わるところに目が行っていると、お客様のことがほとんど見えていません。見るのは競合他社ではない。あくまでお客様第一です。

そして競合他社ばかり見ていると、「他社との差別化」というコトバが浮かんでくる。

でも**差別化なんて目指すと、とんでもないことが起こる事実に気づいて欲しい**のです。

!? どのお客様をターゲットにするか？

力を入れるのはココ

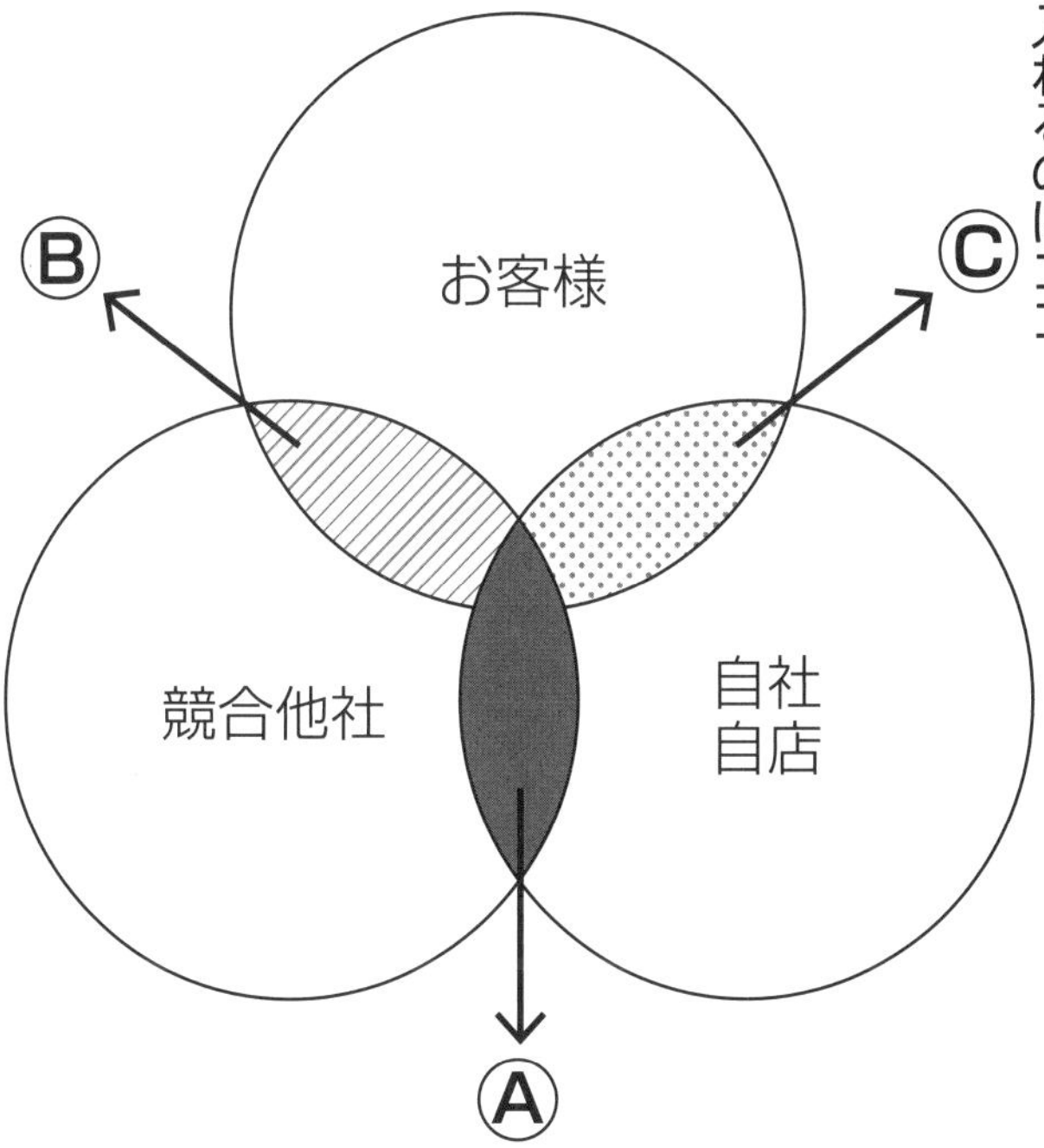

POINT

競合他社ばかり気にしていると
ⒶやⒷに力を入れてしまう。
これではお客様のことは見えません。

7 差別化なんて目指しちゃいけない！

●──差別化を意識しすぎると競合他社に似てくる！

「競合他社といかに差別化をするか」これは、商売の世界でも昔から非常によく考えられてきたことですが、基本的にナンセンスなことです。

なぜか？

だって、**競合他社を意識するあまり、競合他社を見れば見るほど、研究すればするほど、競合他社に似てくる**からです。

想像してみてください、家電量販店のチラシを。今でも週末には、2～3社の折り込みチラシが入っているはずです。

その3社の違いは、あなたには分かりますか？

正直、僕はどこも同じに見えます。

会社のロゴが入れ替わっていても、まず気づかないでしょう。そうなんです。消費者から見れば同じように見えてしまっているのです。

とはいえ、売り手のほうから見ると、

「何言ってんだよ！　あそこと一緒にしないでくれよ！」

「全く違うじゃないか！」

そう思われてることと思います。競合他社と差異を生み出すために、値段を調べたり、特典を変えてみたり、本当にいろいろと苦労をしているのは分かるのですが、残念ながら消費者から見れば「同じように見えてしまう」ことが多いのです。

同じように見えてしまうとある悲劇が起こるのです。

◉──行き着く先は安売り競争……

そう。安売り競争です。

だって、同じように見えるんですから、同じだったら安いほうがいい！　となるのは当たり前。だから、**差別化しようと思えば思うほど、競合他社を見れば見るほど、お客様からすれば同じように見えて、結果的に安売り競争になってしまう**ということです。

そもそも、根本的なことを考えてみてください。

差別化って、どこを向いていますか?「いかに競合他社と差異を見出すか」ということなら、見ている先は競合相手ですよね。

競合相手に勝つために商売をするのですか? これ、本末転倒でしょ。

だって、**商売はお客様に喜んでもらうためにするもの**。だからこそ、競合相手ではなく、お客様をちゃんと見る。しっかり見るのは、競合相手ではなく、大切にしたいお客様のほうです。

お客様を知り・見て・聞いて、できることを考え積み重ねていく。お客様に喜ばれ積み重ねていったものが、独自の価値となる。

これが、差別化ではなく、独自化につながっていくのです。

◉――ナンバーワンなんて目指しちゃいけない！

業界ナンバーワンに！
地域ナンバーワンに！
売上ナンバーワンに！

差別化し、小さな差異を積み重ねナンバーワンになったとしてください。その次の瞬間から、他の会社がまたナンバーワン目指して、あなたの会社を研究し、小さな差異を積み重ねてくるのです。そして、追い抜かれ、また追い抜き、また追い抜かれ……。

そんな仕事が楽しいですか？
僕は嫌です。
だって、**競争に勝つために仕事をしてるんじゃない**。
そんなことを続けても疲れるだけです。
第1章にも書いたように、仕事を好きになって楽しむためには3つの要素が大切です。

・お客様に、興味を持ってもらえる
・お客様に「ありがとう」と言ってもらえる
・商品が売れて成績が上がる

そのためには、競合相手を見るよりも、しっかりお客様を見る。ナンバーワンを目指すよりも、オンリーワンを目指す。競合相手に勝つよりも、お客様にいかに喜んでもらうかを考えて行動する。

でないと、せっかくの仕事が不毛なものになってしまう。僕はそう強く思うのです。

僕自身、このことでは多くのことを考えさせられました。それは、僕自身の両親から受けた影響と、大卒後に会社に勤めたときに受けた印象が全く違ったことです。

最初は何が違うのかも分からず、漠然とした違和感を感じる中で、会社の方針のもと先輩の営業を見て真似てやってみたのですが、全く成果も出ず、苦しい日々を送るという経験をしました。

何が違ったんだろう？
その違いが今では分かります。

簡単に言うと、**両親のお店では「お客様が主語」になった会話が繰り広げられていたのですが、勤めた会社では「競合他社が主語」の会話が繰り広げられていた**のです。

僕の両親は喫茶店を経営しています。僕が小学校の低学年の頃、職人をしていた父は、仕事がなくなって自然廃業せざるを得なくなり、始めた喫茶店を、何の経験もなく、何の技術もあるわけではないのに、34年間しっかりと繁盛させ続けてきました。

どうしてど素人にそんなことができたのか？
それは、お客様をしっかりと見ていたからです。
34年前、店を始めるにあたって、父は構想を練りながら考えたそうです。

・朝の早い時間は工事関係の車両が多いので、その人たちに喜んでもらうには？
・土曜と日曜は、ゴルフに行く人が車で前を通るので、その人たちに喜んでもらうには？

そんなことを考えて、駐車場がたくさんあって、朝7時からオープンして、ボリュームたっぷりのモーニングを5種類用意してお待ちしようと思ったのです。また他にも、

・近くに小学校や中学校があるので、先生方にも喜んでもらうためには？
・自分自身がＰＴＡの役員をしているときに、ミーティング場所がなかったから、その場所として使ってもらうためには？

通常の客席とは別に、10名程度の入れる場所（ミーティングルーム）をつくり、長時間いてもらっても安心な場所とそれに合ったメニューをつくったりしていったのです。

この他にも、お茶やお花の先生、ひきこもりの子供、子供が生まれたご夫婦などに、どんどんできるコトを考え、実践をしていった結果、たくさんの競合店舗が出てくる中でも、34年間繁盛させ続けてきたのです。

そんな父は、いつもこんなことを言っていました。

「お客様をちゃんと見ていれば、ヒントが必ずある。答えは言ってくれないかもしれない

けど、いくつもヒントを出してくれている。困ったら、ちゃんとお客様を見なさい」

小学校の頃から言われていたのですが、当時僕はその意味が全く分かりませんでした。でも、頭の中のどこかに残っていたんでしょうね。

こんな父の影響を受けつつ、就職した先では、

「他社は、どんな商品を扱ってるんだ？」

「他社では、何が売れているんだ？」

「他社は、いくらの値段でやってる？」

このような、他社を主語にした言葉で溢れかえっていたのです。

そりゃ、違和感だらけですよね。それまでの認識と全く違うものが目の前で繰り広げられているのですから。ただ、当時は、その違いに気づかず、ストレスだけが溜まり、体を壊してしまうという結果になりました。

もちろん体を壊したことはいいことではありませんが、それによって改めて「何が違うんだろうか？」「この違和感の原因はなんだろう？」そう考える時間が持てたことは本当

によかったと思っています。

あのまま知らず知らずのうちに、体を酷使しつつも続けていっていたら……今でも辛《つら》くて厳しい仕事を続けていたかと思うとゾッとします。

◉――仕事を好きになる方法とは、お客様のことを知ること

だからもし今、仕事が辛く厳しいものだと思っている方には伝えたい。もっと好きになる、楽しくなる方法があるんだよって。

その第一歩が、お客様を「知る・見る・聞く」なのです。

何度も何度も、お客様のことを見直してみてください。この章で書いたことは決してむずかしいことではなく、誰でもできることです。その誰でもできることを、自分一人で何度も、仲間を交えて、違う業界の人の意見も聞きつつ、何度もやってみてください。

そして、決めるのです。

・誰に、どんなコトができるのか？

・誰に、どんなコトをしていきたいのか?

これには正解があるわけではありません。あなたが決めて、それをやり切るのです。誰も正解は教えてくれません。もっと言えば、正解なんてないのかもしれない。正解を追い求めれば、余計に迷ってしまう。


だからこそ、あなたが決めるのです。

そして、それを伝えつつ、お客様にできることを創造していきましょう!

仕事を好きになれば、自然と売れていきます。だってあなたが楽しく仕事をしているんだから、お客さんだって楽しい。このコミュニケーションは、必ず売上げに結びつきます。

でもそのときあなたは、「売ってやろう!」と思っていないはずです。


次は、「伝え」そして「創造する」です。

第3章

「伝えて創造する」が「売る」ということ

お客様のことをよく見て、知ったら、
こちらの“思い”を伝える。
このとき「売ってやろう！」と思わず
「役に立ちたい」と思うことが重要！

1 「伝える」と「伝わる」の間にあるものは何か？

◉伝わる「ありがとう」と、伝わらない「ありがとう」

伝えることは、とても重要ですが、もっと大切なのは相手に伝わること。いくら伝えても、伝わってなければ伝えてないのと一緒。いくらやっても同じです。

「これだけ伝えたのに」
「何度も言ったのに」

でも、相手に伝わっていなければ意味がないのです。
たとえば自己紹介のとき、自分のことを相手に伝えますね。でもこのとき、「私は○○会社の営業の□□です」だけでは、なんにも伝わっていない。要するに、自分の価値、何ができるか、……を伝える必要があるのです。

この本では「売り方」について考えています。「売り方」の場合、商品の価値や特長、どんなにおいしいケーキなのか、どんなに便利なコピー機なのか……ということが伝わらなければいけません。

そしてそれ以上に、**「商品だけでなく、私はこういうことをお手伝いできます」ということを伝える。それが「売る」ことであり、事実そうしないと売れない時代なのです。**

では「伝える」ために必要なことは何か？　これはいくつかあるのですが、まず最初に知っておいてもらいたいのが、言葉と感情の関係です。

たとえば、人から「ありがとう」という言葉を言われたときのことを思い出してみてください。おそらく何度もあると思います。そのときって、**同じ言葉であっても、いつも同じものが伝わってくるかというと、そうではありません**よね。

同じ言葉でも、ある人からは「溢れんばかりの感謝の気持ち」が伝わってきた。でも、ある人からは「仕方なしに、ありがとうと言ってるな」ということが伝わってきた。またある人からは「怒ってるの？」ということが伝わってきた。

そんなことありませんか。

これは、言葉に、どんな感情が絡んでいるかがポイントになってきます。

ありがとう×感謝の感情
ありがとう×怒りの感情

これは大きく違いますよね。どんな感情を込めて言っているか、どんな気持ちで伝えているか、これによって伝わり方は大きく変わってくるのです。

言うまでもなく、感謝の気持ちを込めた「ありがとう」は相手に伝わり、怒りとまでいかなくてもうわべだけの「ありがとう」は伝わりません。

◉――テクニックと気持ちの深い関係

そういう意味で言うと、伝えるときの伝え方のテクニックと、その伝え方に込めた気持ちの関係も同じです。

どんなに素晴らしい言葉を使おうが、どんなに凄《すご》いテクニックを駆使しようが「売ってやろう！」と思って言っていたのでは、その気持ちが伝わってしまいます。

もちろん、「売ろう、売りたい」という気持ちは大切です。でも一番大事ではない。もっと言うと、その気持ちが相手に伝わると、お客様は嫌な感じがするものです。

かと言って、「売れなくてもいいや」という投げやりな気持ちでもいけません。ここまで繰り返してきたように、「お客様に喜んでもらおう」という気持ちがベースになければ、気持ちは伝わりません。

先日、住宅展示場を見に行ったときのこと。10社ほどのモデルハウスが建ち並んでいたのですが、モノは試しと、手前にあるモデルハウスから順番に入っていきました。

面白いですね、10件中9件までが最初の対応は同じなんです。玄関にあるアンケート用紙に住所、氏名、電話番号、いつくらいに家を建てようとしているかを書かなくてはなりません。そして、そのアンケート用紙を見て、営業マンが話をしてきます。

一件目。

「松野様、今日は一日モデルハウスの見学ですか？」

「松野様、どちらのモデルハウスを回られましたか？」

「松野様、新築ですか、建て替えを検討されているのですか？」

「松野様、何坪くらいの土地ですか？」

「松野様、……………」

しばらくは答えていましたが、話すのがイヤになって、そのモデルハウスからは出てきました。どの言葉の裏にも「売ろう」「売りたい」という気持ちを感じ取ったからです。それもかなり露骨に。

ま、相手も商売だしな――と、気を取り直してもう一カ所。

「松野様、本日は弊社のモデルハウスにお越しいただきありがとうございます」

「家を建てるにしても買うにしても、何からどんな順番で何を考えていけばいいのか分からない……ということ、ありませんか？」

「もしよろしかったら、今どのような状態なのかをお聞かせいただけたら、どんな状況であれ、できる限りのことをさせていただきますので、よろしくお願いします」

言葉も違うのですが、その言葉から感じるものが全く違った。**何かできることを探して聞いてくれている。そんな気持ちが伝わってきた**のです。

電話やＤＭ（ダイレクト・メール）などでも感じることがありますね。

◉――「切羽詰まって売ろうとしている」と思われたらアウト!

あなたも、こんなことはありませんか?

チラシやＤＭを見て、なんか「売りたそう」とか「切羽詰まってる」ような感じを受けることが。

――あるでしょ。

そういう意味では、**「思い」や「気持ち」は言葉に乗って伝わっていく**のです。

日本には昔っから「言霊《ことだま》」と言われるものがあります。言葉に宿る霊的なパワーのことです。実際に、感情が物質にも大きな変化を与えることは証明されています。

同じチーズに「ありがとう」と「バカやろう」をしっかり感情を込めて言い続けると、ありがとうと言われ続けたチーズは１週間たってもカビが生えてこなくて、バカやろうと言われ続けたチーズは１週間で見事に真っ黒のカビで覆われたという実験すらあります。

これ、理屈を超えてるんですね。

言葉にどんな思いを込めるか。言葉を何のために発するのか。これからの時代は、これが本当に大切になってくるのです。

僕はこの仕事を12年やっていますが、12年前はテクニックだけでも売れたのです。言葉を巧みに使えば少なくとも今以上に「売れる」という結果が得られました。

でもテクニックだけでは、もう通用しない。

それを強く感じたのは、今から8年も前のことです。カタログ通販をされている会社が2社ありました。ひとつは煎餅屋さん、もうひとつはお茶屋さんです。

一方の会社で、休眠客の掘り起こしのDMを作りました。2年以上お買い上げのないお客様にお手紙を送って、思い出してもらおう！　という主旨のもの。そのDMの反応がものすごくよかったので、同じような嗜好品を扱うもう一方の会社でもやってみようということになりました。

両方とも僕が関わっているのですから、少なくともテクニック面ではバッチリです。ポイントを押さえつつ、その会社に合うようにDMを作り上げ発送しました。結果はどうだったか？　片一方の半分以下の注文率だったのです。

それまではキチンと真似れば、悪くても80%くらいの反応は取れました。が、2005年から2006年あたりから急激にテクニックだけというのが通用しなくなったのです。

◉――売るためのテクニックを感じさせてはいけない

それにはいくつかの理由があると思われますが、まず、どの会社も自社の利益のために、売るためのテクニックを多用したこと。これによって、**消費者がテクニックに慣れ「あ、これはテクニックだな」と直感的に感じるようになった**ということでしょう。

もうひとつは、社会の中で「貢献」という意識が増え続けてきているということ。とくに東日本大震災以降は、若い人にもこの傾向が強くあらわれてきています。

本気で貢献したい、人の役に立ちたいと思っている人が増えてくると、社会全体の意識が変わってきます。だから、自分だけのために、自己の利益のためにと考えて行動したり発信したりすると、相手の「欲しいこと」と合わなくなってしまう。

いずれにせよ、**伝わるためには、売ることではなく役立つことをベースにしていくことが大切**なのです。

2 思いを伝えるために、いちばん大切なこと

◉相手のことを、どこまでイメージできているか?

ここまで読み進めてもらったあなたは、もう大丈夫です。これまでの章で、必死に「誰に、何ができるか」を考えてきましたからね。

「伝える」ために、もう一度大切な部分を思い出して復習しておきましょう。

まず、相手がイメージ出来ているか……です。

伝えるとき、その伝える相手がしっかりとイメージできているかどうかが大切です。だって、伝える相手が見えていないと、どうやって「思い」を込めるんですか?

伝える相手が見えていないと、どんな状態で、どんなコトに困っているのかも分からない。そんな人に何を伝えようというのでしょうか?

人間の脳ミソは、基本的に興味のあることにしか反応しないようにできています。たとえば、僕はゴルフが好きで興味があるので、町を歩いていてもゴルフという言葉が自然と目の中に入ってきます。でも、ゴルフが好きでないうちのスタッフは、同じ道を歩いていてもゴルフショップなんか全く目に入りません。

自分が大好きなヨガ教室の看板は目に入ってくるようですが……。

こんなふうに、同じことを見ているようでも反応するのは、興味のあることです。だから、伝えるときには、相手を絞り、相手をイメージすること。

・どんなコトに興味があるのかな？
・どんなコトで困っているのかな？

これが明確に見えることが大切です。**興味のある人に、興味のある情報を伝える。こうして情報をマッチングさせることが大切なのです。**「売る」とは、本来そういう行為のことを言うのだと僕は思っています。

◉──「誰にでも」は、誰にも伝わらない

でも、これって接客では分かっていても、チラシやDMなど多くの人に「伝えよう」とした場合はこう思っていませんか？

「できるだけ多くの人に伝えたい」

「伝わるんだったら、誰でもいい」

その気持ちも分からないではありません。でも、そうして発信された情報は、自分勝手な、売り手中心の情報になってしまっていることが多い。傾向としては「モノやスペック」そして「価格」の情報に偏りがちです。

何度も書いたように、多くの消費者はモノを欲しいわけではなく、心の豊かさを求めています。そして、その求めるものは多様化しているのです。

だから「誰でもいいから伝わってくれ！」というのは無謀です。

モノ余りの時代に価値を伝えるためには、まずは相手をよく見ること。それが「売れ

る」ということにつながっていくのです。「誰でもいいから」ということでは、誰にも伝わらない――。ここを、しっかりと押さえてください。

●――絞り込むことが「伝わる」ための大きな要素

だからこそ、伝える相手を絞り込む。

どこまで絞り込むかというと、頭の中で相手の姿がイメージできるまでです。

たとえば、あなたがダイエット食品を開発したとします。そのダイエット食品の価値を伝えようとしたら、まずはターゲットを絞り込んでみてください。

ええ、きっとあなたのダイエット食品は多くの人に喜ばれる素晴らしい商品なんでしょうけど、**多くの人に伝えるためにも、まずは一度絞り込んでみましょう。**

誰に一番手に取って欲しいですか？

誰を一番喜ばせたいですか？

具体的にイメージしてみます。頭の中で具体的にその人の姿が思い浮かぶように。

男性か女性？　と言われると女性。その中でも働く女性、もっと絞って30代の働く女性――。さてこの「30代、働く女性」は、あなたの頭の中で具体的にイメージできますか？

この時点では、まだむずかしいんじゃないかと思うのです。

だったらどこまで絞ればいいの？　たとえば、これだったらどうでしょうか？


「出産後1年未満で、お腹のたるみが気になる女性」


どうですか？　頭の中で具体的にイメージできませんか？　出産後、しばらくたって育児に追われながらも自分のお腹を眺めたときに「はぁ……このたるみ、どうして戻らないんだろう」そんなことを言いながら、お腹の肉をつまんでいる姿が。

こうなると、その人がどんな状況で、何に困っていて、何が知りたくて、どうなりたいんだということは明確だし、どんな言葉をかけて欲しいかもイメージできるでしょ。

◉――何を伝えるのか？　何のために伝えるのか？

こうして、絞り込むことで「何が知りたいのか」が見えてきます。

ひと言で言えば、それは**自分の言いたいことではなく、相手の知りたいこと**です。先ほどのダイエット食品だと、実は誰もダイエット食品自体を欲しいわけじゃないのです。お腹のたるみを何とかしたいと思っているだけ。だったら、そのお腹のたるみが気になる人に、どんなことを伝えればいいのでしょうか？

相手の立場に立って考えてみるとよく分かります。

・自分の状況を分かって欲しい
・がんばっていること、悩み、苛立ち、そんな気持ちを分かって欲しい
・この状態を、何とかしたいという気持ちも理解して欲しい
・この状態を何とかできることはないのか
・それは、信じられるのか
・同じような状態の人がやっているのか

そんなことではないでしょうか？
それを順番に、あなた自身が伝えてあげればいいのです。
そして、これは何のために伝えるのか？　ここまで考えてくれれば答えは明らかです。

そうです、お客様の役に立つためですね。何度も言うようですが決して売るためではありません。ダイエット食品の例で言うと、出産後でお腹のたるみが気になる人の悩みを解決するためです。

どうですか？

伝わりそうでしょ。

この「伝わりそう」という感覚が大事なんです。何でもそうですが、必死になってやる気になる必要なんて全くありません。「○○しなければ！」「○○しないと！」そんな、〝崖っぷち〟感覚のやる気なんて、長く続きませんから。

「やる気よりも、その気」――そう、〝その気〟になることが大切です。

伝わりそうな気がする↓やってみる↓伝わる↓もっとその気になる↓もっと伝わる。そうなっていくためには、あなたが「その気」になることがまず大切です。

そして「伝わる」は「売れる」と同義語でもあるのです。価値が伝わると、結果的に売れるのですから。

◉――ターゲッティングとポジショニングが大切になる

大切なことを簡単にまとめておきます。

伝えるためには、相手を絞り込むこと。そして自分の立ち位置を明確にしておくこと。

つまり、ターゲッティングとポジショニングです。

簡単に言うと、**誰の、何のお手伝いをしようとしているのか――。これがベースになって発せられた言葉は、確実にお客様に届きます。**

もし届いていないときは、これは決してあなたが悪いわけでも、あなたの商品が悪いわけでもありません。

伝え方が悪いのです。

だから、伝え方を変え、いろいろと試してみる。相手に届くようにシナリオを立ててアプローチしてみる。悔やむ必要なんてありません。落ち込む必要もない。あなたは売るためにやっているんじゃなく、役に立つためにやっているんだから。

◉——伝えるときの基本は「一対一」

そして、この「伝え方」も様々です。

・接客をして伝えるのか？
・チラシやDMで伝えるのか？
・ホームページで伝えるのか？

などなどいろいろな方法があると思うのですが、基本は同じと考えてください。

基本は一対一です。

チラシを10万枚出しても、台所でそのチラシを見ているのはひとりです。ホームページを何十万人の人が見たとしても、パソコンやタブレット、スマホの前で見ているのはひとりです。だから、こちらも個人を出しながら伝えていくことが大切です。

思いは、人から人に伝えていくもの。シーンや媒体が変わっても基本は同じなのです。

伝えるためには、相手を絞り込む。
自分の立ち位置を明確にする。
そのとき必ず、
相手の立場で考える。
それが「売れる」ことにつながる。

3 「伝えるときのシナリオ」の3つのポイント

●まず、伝え方のシナリオを描く

さて、これらを踏まえた上で次に進んでいきましょう。

誰に、何を、どうして欲しいのか？　これをもう一度考えます。

まず、いきなり伝えようとするのではなくシナリオを描くことが大切です。いきなり即興で！　出たとこ勝負！　なんてのもいいのかもしれませんが、それでは博打《ばくち》のようなもの。まずはシナリオ（台本）をしっかりと描きましょう。


ポイントは3つです。

①誰に

②何を伝えて

③どのような行動を取って欲しいのか

そんなにむずかしいことではありません。シンプルに。それぞれについて、簡単に説明していきましょう。

①誰に

伝えるターゲットを絞ることからスタートです。この絞り込むという意味合いは、あなたも充分理解されているはずです。絞り込むことによって、伝えようとする相手に「どんな興味があるのか」「どんな不安があるのか」が明確になる。

相手のことがしっかりとイメージできるからです。

②何を伝えて

これは、簡単に言うと「ターゲットの知りたい情報」です。知りたい人に、知りたい情報を伝える。情報のマッチングです。人は興味のあることしか反応しないのですから。絞り込んだターゲットの興味を深める情報、不安を解消できる情報を伝えていくのです。

③ どのような行動を取って欲しいのか

絞り込んだターゲットに、何かを伝えることで、最終的に取って欲しい行動をイメージしてください。たとえば来店して欲しいのか、資料請求して欲しいのか、ホームページを見て欲しいのか、購入して欲しいのか……これも絞り込んでおきましょう。

これが、まず基本のシナリオです。

こうしてみるとよく分かるのですが、スタートはやはり伝える相手を絞り込むことからです。でも、**多くの場合はこのターゲットを絞ることを飛ばして、売り手の言いたいことを伝えて→買って欲しい、というようなシナリオを描きがちです。**

「買って欲しい」という気持ちを持つことを、僕は頭から否定はしません。ある意味、売り手としては当然の感情かもしれない。でも、結局それは売り手のエゴでもあります。これでは伝わっていきませんよね。

だからまずは、ターゲッティングから始めてシナリオを描いていってください。

「伝えるシナリオ」とは？

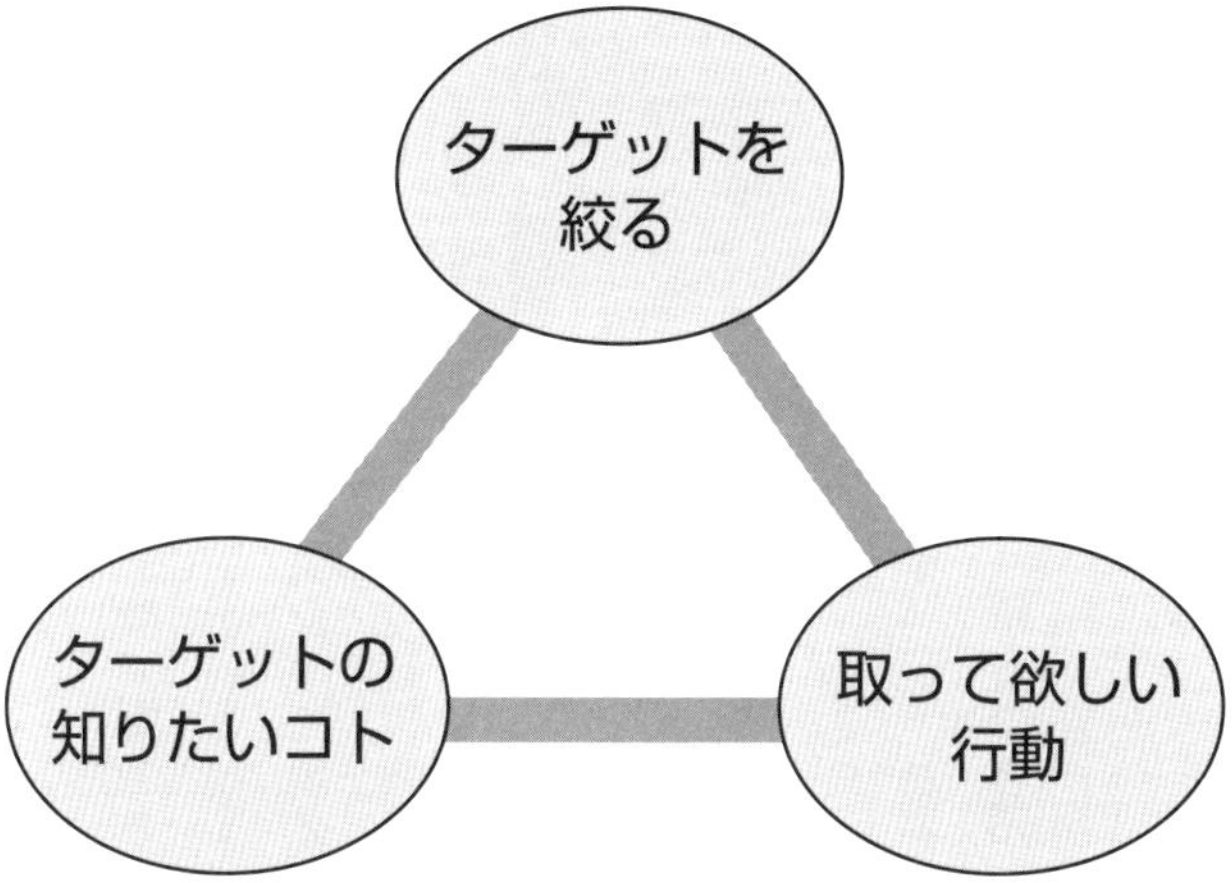

お客様を絞り込み、しっかりと
「見る」ことからスタートする

↓

「知りたい人」に「知りたい情報」を伝える

POINT

「情報のマッチング」が、
正しく伝えるときのポイントになる！

シナリオを描くときに、あなたの立ち位置を確認することも大切な要素です。立ち位置が違うと意図が変わってきますから。

さて――**あなたの立ち位置は営業や販売という「売り手のポジション」ではなく、買い手のお客様側に立って、何のお手伝いをしているのか**をもう一度確認しましょう。

これでターゲッティングとポジショニングが整いましたね。

では、具体的にステップを追って見てみます。

●――あなたの“価値”を伝える

最初は、あなた自身の価値を伝えることについてです。「あなたの価値を伝えてみてください」と言われたら、あなたは何と答えますか？

「○○株式会社の営業の□□です。日々お客様のために頑張っています」
「○○店で働いている□□です。毎日できることを考えて働いています」

おそらく、ここまで読んでくださったあなたは、もうこんなことはないと思います。そうですよね。これって、何の価値も伝わっていない。誰が言っても同じですから。

シナリオ通りに考えてみましょう。

・誰に

まず、誰に価値を伝えようとしているのかを明確にしましょう。

たとえば営業をしている人だったら、営業先の部長さんなのか、仕入れ担当者なのか。お店を経営しているならば、店頭に来るどんな人なのかをイメージしてみてください。その人は、どんな興味があるのか？　どんな「不」を感じているのか？　を想像して、あなたの立ち位置（ポジション）を見定めるのです。

・何を伝えて

お客様の知りたいことは、自分自身（お客様）にとってのあなたの役割だと思ってください。簡単に言うと、「私に、何ができるの？　何をしてくれるの？」ということです。

・どのような行動を取って欲しいのか

ここは、時と場合によって変わってくると思います。具体的に考えてみましょう。たとえば、あなたは食品メーカーの営業マンだったとします。

お客様は、小売店の仕入れ担当者です。仕入れ担当者は、どんな興味がありますか？　どんな「不」があるでしょうか？　考えてみるのです。そして次に、

・何を仕入れたら売れるか
・お客様に喜んでもらえるものとは何か
・どうしたらお店の売上げアップにつながるのか
・他社にないものが仕入れられないか
・目玉になるような商品はないのか

このような感じではないかと想像します。

●お客様にどういうお手伝いができるか？

では、こんな興味や「不」のある相手に、何のお手伝いができますか？　売り手ではなく、お客様側に立って何ができるのか？　これを最初に考えてみてください。

小売店の仕入れ担当者は売れる商品を探し、お店の売上げアップを考えていますから、その横に寄り添う形で「小売店の繁盛をお手伝いする」というポジションが見えてきます。

・お客さまの何の役に立てるのか？

↓お店の繁盛のお手伝いをさせてもらう

・それを、どうしてしようと思ったのか？

↓仕入れ担当者の方にいろいろなお話を聞いている中で、お店繁盛への思いを強く感じたので。（＋できれば、そのあとに具体的な内容を伝える）

・どういう行動を取って欲しいのか？

↓お店の繁盛について一緒に考えさせていただければと思いますので、一度お話をお聞かせください。

それを合わせると、こうなります。

「お店の繁盛のお手伝いをしています○○会社の□□です。メーカーの営業として仕入れ担当の方と話をしている中で、担当者様のお店繁盛への熱い思いに触れ、何とかお役に立てないかと思うようになりました。そのひとつとして……（内容）……これ以外にもお店の繁盛について一緒に考えさせていただければと思いますので、一度お話をお聞かせいただきたいと強く思っています」

さて、どうでしょうか？

冒頭の自己紹介と比べてもらって、かなり、お客様にできるコトとその理由を通して、価値が伝わりやすくなったはずです。**価値が伝わると、興味を持ってもらいやすくなります。**つまり「売れる」という結果につながってくるんですね。

では次に小売店で、もう少しシンプルに考えてみましょう。たとえば本屋さんで働いているとしてください。まず、ターゲットを見定めます。

・誰に

本屋さんに来られる人ですね。でも、その中でも一番喜んでもらいたい人は誰か？　想像してみてください。

おそらく、買う本を決めて来店される方には、その本の在庫があるかどうか、その本がどこに置いてあるのかぐらいしか伝えられませんが、漠然と何かいい本はないかな？　と思って来店された方には、意外とできることがあると思いませんか？

そう！　お客様は本選びに迷っているわけですから、いま考えていることや、悩んでいることをお聞きしながら、その人に合った本を紹介することもできるし、ご要望によっては自分が読んですごく面白かった本も紹介できるかもしれません。
ということは……何を伝えるかが見えてきませんか?

・何を伝えて
本選びに迷ったらお手伝いします。そして、取って欲しい行動も明確にしていきます。

・どのような行動を取って欲しいのか
お気軽に話しかけてください――。もちろん、いろいろなことで迷っておられると思うのですが、基本姿勢としてはこのような感じです。そこに、あなたの得意分野を付け加えて名札で伝えてみましょう。やたらと話しかけられるのも、嫌がるお客様がいますので、この「名札」のほうがスマートです。

キャッチコピー:本選びに迷ったら、ぜひお声掛けください!
名前:松野恵介
+α:ちなみに私はサスペンス小説がとくに好きなので、なんでも聞いてください。

ね、冒頭の「○○店で働いている□□です。毎日できることを考えて働いています」よりも、ずいぶんと価値（できることの情報）が伝わるでしょ。

困ったときには、あの書店に行って相談すれば、きっといい本が見つかる。そういった価値を伝える。そのことで、たくさんある本屋さんの中から、そしてネット書店と比べても、その本屋さんを選ぶ理由が明確になるはずです。

選ぶ理由が明確になると、選ばれ、売れる。そういうことなんですね。

◉──「伝わる名刺」のつくり方

名刺というと、会社名と役職、名前、住所や電話番号などが必要だと思われますが、相手（お客様）はそんなことが知りたいのでしょうか？　あなたが小売店の仕入れ担当者だったとしてください。食品メーカーの営業マンがいきなり新規訪問してきて○○株式会社、営業一課、名前の書いた名刺を渡されても、また営業か！　と思うだけでしょ。

お客様の興味は、自分にどんなメリットがあるのか？　どんな役に立つのか？　ということですから、名刺もこの部分を起点につくっていくことが大切です。

・会社名：株式会社○○○
・役職：営業
・氏名：松野恵介
・住所、電話番号：大阪市西区……

これではあなたの価値は伝わりません。価値が伝わる名刺のシナリオはこうなります。

・キャッチコピー：小売店の繁盛が私たちの使命です！
・何のお手伝いができるのか：売れる売り場づくりのお手伝い
・氏名：松野恵介
・会社名、住所、電話番号：株式会社○○○　大阪市西区……

小売店の仕入れ担当者として、この名刺と一緒に、先ほどの自己紹介をされたところをイメージしてみてください。自己PRばかりで、商品やサービスをゴリ押ししてくる営業マンと違って、こちらのことを考えて、できるコトをやってくれようとしていると感じてくれます。他との違いが明確になり、商売につながっていくというわけです。

4 商品やサービスの価値を、しっかり伝える

◉価値が伝わる＝選ばれる理由になる＝売れる

あなたの商品やサービスについても、同じように進めていきますね。

最初に、あなたの商品やサービスは、誰に、どんないいコトがあるかを考えて、具体的に言葉にしてみてください。たとえば印刷会社だったら、いろんな印刷ができて、どんな人にも、どんな印刷もできると思うかもしれませんが、「誰でも、何でもできる」という伝え方は、誰にも伝わらない。

そこで**細分化して、そしてお客様をよく見て伝えていく**のです。

・**誰に**：オープン間近の飲食店のオーナーに。
・**何を伝えて**：オープン時の手間を省き、オープンのときの集客のお手伝いをさせてもら

います。

・どういう行動を取って欲しいのか：お問い合わせください。

というようなシナリオですね。

どうですか。シンプルに価値が分かりやすくなったでしょ。

もうひとつ、車のコーティングや洗車サービスについても考えてみましょう。

・どのような行動を取って欲しいのか：問い合わせをしてください。

・何を伝えて：汚れが目立つので、洗車の「面倒くさい！」を解消します。

・誰に：黒いワンボックスカーに乗っている人。

洗車サービスがどれだけキレイになるかを伝えるよりも、困っている相手に向かってできるコトを伝えるほうが、ずっと伝わりやすくなる。**商品やサービスの良さをいかに伝えるのかではなく、「誰のどんな役に立つのか」を考えてみることが大切です。**

では、これをチラシというひとつの形に落とし込んでみましょう。

通常でしたら「コーティング&洗車キャンペーン」という大きなキャッチコピーがあって、その下にはコーティングや洗車のメニューが細かく書いてあり、価格も「○○%オフ！」のように割引表記がされているわけです。これではどこも同じに見えて最終的には価格競争になっていくのは目に見えていますよね。

でも、あなたはターゲットをしっかりと絞っています。コーティングや洗車が一番必要なときと、一番必要な人にきちんと伝えるために言葉を選びます。ターゲットに届くキャッチコピーを考えてみてください。

「黒い車はカッコいいんだけど、汚れが目立って困るという方へ」

という感じで、ピカピカの黒のワゴンの写真と、ドロドロの黒のワゴンの写真、そして、困っているお父さんの写真があればいい感じです。

●――伝わるシナリオを描こう

このキャッチコピーを筆頭に、こうシナリオを描いてみてください。

お客様に届かないチラシ（ダメな例）

・**キャッチコピー**：黒い車はカッコいいんだけど、汚れが目立って困るという方へ
・**口実（お客様に対する理由付け）**：こんにちは、洗車の面倒を解決するお手伝いをしている○○店、店長の□□です。僕自身も黒のワンボックスに乗っているのですが、雨の日の翌日は車も台無しで、洗ってもなかなかきれいにならない。そんな経験をもとに、同じように黒い車をお持ちのお客様に何かできることはないかと考えたのです。
・**お客様の声**：コーティング＆洗車サービスを利用されたお客様の声を掲載
・**商品やサービス内容**：汚れが目立つので、洗車の「面倒くさい！」を解消するための、黒い車専用のコーティング＆洗車サービスの説明
・**取って欲しい行動を分かりやすく表記する**：今すぐお見積もりを！　電話番号は○○○

といった感じです。

一度、自分が黒い車に乗っているものと想像して、どちらのほうが興味を持つか、どちらに反応するかを考えてみてください。結果は一目瞭然です。反応するということは、売れることに確実につながるんですね。

!? お客様目線のチラシへ！

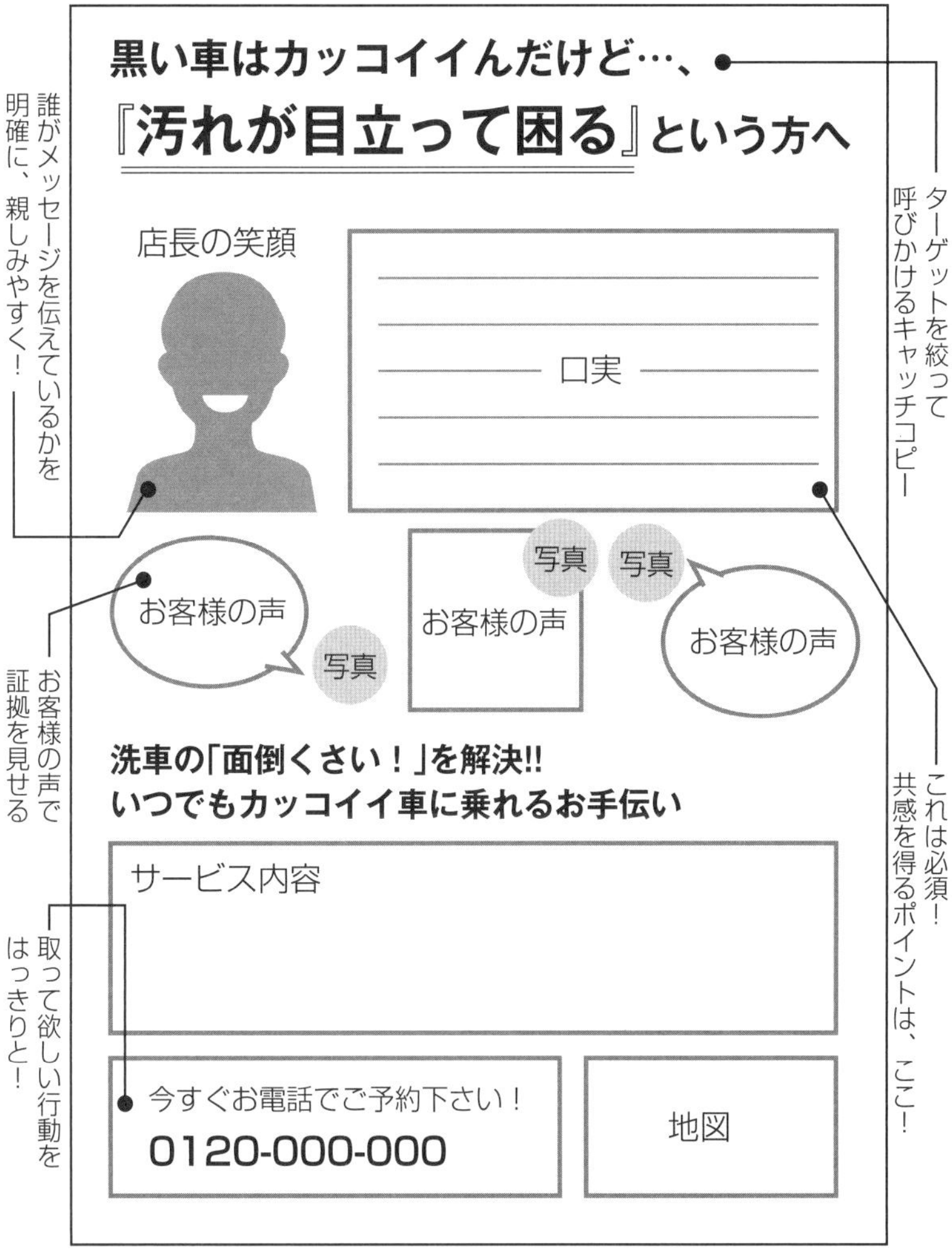

黒い車はカッコイイんだけど…、
『汚れが目立って困る』という方へ
店長の笑顔
口実
お客様の声
写真
お客様の声
写真
写真
お客様の声
洗車の「面倒くさい！」を解決!!
いつでもカッコイイ車に乗れるお手伝い
サービス内容
今すぐお電話でご予約下さい！
0120-000-000
地図
ターゲットを絞って呼びかけるキャッチコピー
誰がメッセージを伝えているかを明確に、親しみやすく！
これは必須！共感を得るポイントは、ここ！
お客様の声で証拠を見せる
取って欲しい行動をはっきりと！

5 あなたのお店や会社について、何をどう伝えるか？

◉——お店や会社の価値を伝える

さて、これまでのことを踏まえ、あなたのお店や会社についても考えてみましょう。基本的な要領は同じです。たとえば、住宅メーカーだとしたら——、

・**誰に**：子供が生まれたばかりのご家族に
・**何を伝えて**：子供が安全で、家族が安心して住める場所を一緒に考えます
・**どのような行動を取って欲しいのか**：興味のある方は資料請求を

というような感じです。ただ、会社の価値を伝えるのは「会社の在り方」そのものを伝えることになるので、ここにはしっかりとしたシナリオが必要になってきます。

ここが独自化への道につながります。つまり、「会社の価値をどのように伝えるか」ということは、会社が進むべき方向性を示していくことにもなるのです。競合他社ではなく、お客様のほうを向いて、お客様に支持され、利益の上がる会社を創り上げていく——。

利益至上主義や売上至上主義なんてクソくらえです。そんなこと言ってるから、売上げも利益もどんどん下がって、競合他社とは差別化さえできない状態になるのです。

営業や販売の方も、数字ばかりを追うのはむなしくないですか？
どんどん疲れだけが溜まってきませんか？
仕事が嫌になってきませんか？

もう、そんなことからは脱出しましょう。その一歩を踏み出すために、自社の方向性を明確にしていきましょう。

◉——独自の経験から生まれた思いを伝えよう

具体的に顧客への価値創造をしていくためにも、会社独自の土台をしっかりと創り上げていかないといけません。では、この「独自のこと」ってなんでしょうか？

それは、あなたの会社自身であり、あなたの会社そのものなのです。だって、あなたの会社のやってきたことと全く一緒のことを、すべて同じメンバーでやってきた会社がありますか？　もちろん、ありません。だったら、自分たちのたどってきたプロセスを見直しながら、一番喜ばせたいお客様を想像しながら、自分たちにできるコトを考えて言葉にしてみるのです。

・誰に、どんなコトができるのか？
・それが、どうしてできるのか？

僕はこの2つを、こう呼んでいます。

・誰に、どんなコトができるのか？　→独自化コピー
・それが、どうしてできるのか？　→独自エピソード

独自の経験から生まれた、独自の思い。その思いをもとにした、お客様への約束。こうして生み出されるものが独自の価値なのです。

「顧客への価値」を創造するには
まず会社の土台を
しっかり創り上げること。
「独自のコト」を伝えること。

◉──独自化コピーを考えるときのポイントは？

独自化コピーを考えるときに大切になるのが第2章でやっていただいた「お客様を、知る・見る・聞き出す」ことです。このお客様の情報をもとに、自分がどのお客様に、どんなコトをやっていきたいのかを考えます。

そんなにむずかしい言葉はいりません。簡単なコトバで大丈夫です。

いくつかの独自化コピーと独自エピソードを紹介していきます。

それぞれの独自化コピーと独自エピソードを読みながら「自分だったら」「自分に置き換えたら」というように考えてみてくださいね。

① 印刷会社の事例（アサヒ・ドリーム・クリエイト㈱）

独自化コピー：商品を一切変えずに、売上げをあげるお手伝い

独自エピソード：弊社はスチレンボードのPOP製造加工メーカーとして品質や価格にこだわりPOP製作をしてきました。そのPOPを売り場で見たときに、POPが風景の一部になっていてPOPの効果を果たしていないのではないかと考えるようになりました。たくさんの商品があふれる中で、より多くのお客様がPOPを見て、ここで買いたいと思

う気持ちをより一層強く感じる情報発信があることを知りました。
ただ単にPOPを作るだけではなく、その商品やサービスの持つ価値を考え、購入を検討されているお客様にどんな価値やいいことが体験できるのかをしっかり伝える。そのことで売場活性化のお手伝いをしていきます。

これは、大阪府枚方《ひらかた》市に本社のある「アサヒ・ドリーム・クリエイト」さんの2年ほど前の独自化コピーと独自エピソードです。こうしてお客様にできることを増やしていくことで業績もアップし、下請け比率が90％だったものが、2年間で60％までに改善しました。

② 外壁塗装会社の事例（株）マツミ

108ページでもご紹介した、大阪府茨木市にある「マツミ」さんでは、外壁塗装の作業時の職人さんの衣類からタオル、ヘルメットや養生シートにも「親兄弟の建物と思い塗らせて頂きます」という独自化コピーを書いて伝えたところ、口コミが広がり、業績をアップされています。さらに親兄弟の建物だったら……できることを増やしていきながら価値の創造を続けています。

独自化コピー：親兄弟の建物と思い塗らせて頂きます

独自エピソード：お客様は神様です、というフレーズが一時流行った時代がありましたが、私は、お客様は身内、親族です、の気持ちで仕事をするように社員に常々言っております。実は、これは先代の言葉です。この先代の思いを引き継ぎつつやっていますと、このコトバの大切さを感じるのです。

やっぱり親の家や不動産の仕事をする場合、損得勘定より、もっと良い仕事をして喜んでもらいたい気持ちが強くなると思います。すべてのお客様にその気持ちを持っていれば必ず喜んでいただけると信じて、今できることを精一杯やり切ります。

③ 写真館の事例（フォトハウスシマカゲ）

独自化コピー：幸せ家族の立会人

独自エピソード：こんにちは。フォトハウスシマカゲのフォトグラファー島影裕一郎です。僕は子供を笑わせることが大好きで、その笑顔を撮影し、ご家族に喜んでもらえることが嬉しくて写真を撮り続けてきました。

まだ僕が若かった頃……。撮ったばかりの写真を見て涙されるご両親がいらっしゃいました。それを見てまだ子供のいなかった僕には「笑顔の写真が撮れているのになぜ泣くのだろう」と、その涙の意味が分かりませんでした。

そしてまたある日、別のご両親も撮影中には笑顔でいたのに、撮影後には写真を見て涙されていたのです。その時、ふと気づきました。それは悲しくて流す涙ではない、写真を通して我が子の成長を実感され、感激して溢れ出した涙だってことを。

僕はただ単に写真を撮っていたのではなかったのです。幸せなご家族の大切な記念日に立ち会い、その瞬間を写真に残させてもらっていたのです。

結婚式には二人の幸せを願い、立ち会ってくれる牧師さんや神主さんがいます。しかしその後の家族の大切な記念日には立ち会う人がいない場合がほとんどです。だからこそ僕たちが「幸せ家族の立会人」となって、ご家族のさらなる幸せを願い、幸せな「今という瞬間」をカタチにして残していかなければならないと思っているのです。ご家族の大事な節目に立ち会えることを今は最高の幸せに感じています。


――この岐阜県多治見市にある写真館「シマカゲ」さんは、もともと豪華な設備の写真館でした。でも、この豪華な設備も合わせて「幸せ家族の立会人」としてできることを考え、個性豊かなスタッフを揃え、幸せな家族の姿を残すお手伝いをされて、紹介が非常に多い、地域の皆さんに愛される写真館になっています。

④ 野球専門店の事例（ヤマモトスポーツ）

独自化コピー：（今より）名手製造所

独自エピソード：こんにちは。ヤマモトスポーツ二代目社長の山本泰弘です。2014年2月にお店をリニューアルし地域密着の野球専門店になりました。専門店となり日々お客様から一番多い質問が「グローブ」について、

「どのグローブを選べばいいのか？」

「グローブの手入れ方法は？」

というもの。これらに答えていると、お客様に合ったグローブが見つかり、「エラーが減った」「自信を持ってプレーができた」という声を聞くようになりました。

今より野球がうまくなるには？　さらに野球が好きになってもらえるには……。

ヤマスポでグローブを選び、型付けをして、もっともっとプレーに自信を持って今より「名手」になってもらえるよう、これからも努力していきます。

――109ページでご紹介した、愛知県豊橋市にある「ヤマモトスポーツ」さんは、もともとグローブの型付けやグローブの修理が得意でやっておられたのですが、この独自化コピーを付けたことで、今までやってきたことが整理され、さらにバージョンアップを目指し

て、高校生や中学生へのグローブの手入れ教室なども開催され大盛況です。

◉——伝わらなくても、何度もチャレンジしてみる

このように、自分たちの独自性を、まず伝えてみる。ただ、どれだけ考えても、どれだけ時間をかけても正解は出ません。

だって、お客様の反応したものが正解なのですから。

だから、基本のシナリオを立て、まずは伝えてみる。そして、伝わる確率を上げていく。たとえば、プロ野球の打席に立つバッターを考えてみてください。10本中3本打てば好打者です。4本打てば首位打者どころか大記録になる。

そして、もうひとつ別の角度から。ヒットを1本打とうと思えば必ず3回から4回は打席に入らないといけないということ。打席に入る前から、あれこれ考えてもヒットは打てない。基礎を身に付け、まず打席に立って振ってみることが大切なのです。

この感覚は、「伝える行為」についても全く同じです。最初はうまくいかないことも多いと思いますが、何度も伝えてみる。伝わるまで伝えてみる。**基本のシナリオさえ間違っていなければ、必ず伝わっていくはず**です。自信を持ってチャレンジしてみてください。

6 「独自化コピー」3つのメリット

●お客様は「その会社がどういう会社か」に関心がある

独自化コピーのメリットについて、考えてみます。

①興味を持ってもらいやすくなる
②自社の進む方向性が明確になる
③販促で売り込まなくなる

このように、独自化コピーには3つのメリットがあります。
ひとつ目は、会社名より独自化コピーを伝えたほうが興味を持ってくれるということ。
そりゃ、そうですよね。初対面のお客様は店舗名や会社名に関心はありませんからね。

外壁塗装屋さんを紹介されても、
「外壁塗装をやっている、マツミの○○です」と言われるよりも、
「親兄弟の壁と思って塗らせて頂きます！　外壁塗装専門のマツミの○○です」と言われたほうが価値が分かりやすいですからね。

ふたつ目は、自社の進む方向性が明確になること。
どんな価値を創り上げていこうかといったときに、これがあれば一つの軸になることは間違いありません。社内で一緒にどうすればいいかを考える。一人より二人、二人より三人のほうがアイデアが出てくるでしょう。

依頼されたＰＯＰを製造するだけではなく、もっと売り場の活性化につながるようなＰＯＰにするためにはどうすればいい？

幸せ家族の立会人として、お客様の自然な笑顔を引き出すために何ができる？

……こうして考え、伝え、実践し、自社の独自の価値は積み重なっていくのです。

みっつ目は、販促で売り込まなくなる（モノ売りをしなくなる）ということ。

モノ売りに走ってはいけません。お客様は、「売られたがっている」わけじゃないんです。間違っても、安売りだけに突き進むわけにはいかない。だって、モノを売ってるわけではなく、あなたはお客様のコトを解決してるんですから。

そうすることで、結果的にモノが売れる。

「ホントかよ」と思うかもしれません。でも、これが神髄であり真理なのです。

「売ろうとしないから売れる」

「売っていないのに売れる」

それを実感したら、あなたは「売り方」が身に付いている。そして、きっとお客様から必要とされ、ありがとうと言われ、売上げも上がっているに違いありません。

◉──頭の中で成功は描けない

ここに紹介した独自化コピーと独自エピソードは、ほんの一部です。

どの会社も、どのお店も、特許を持っていたり、日本にひとつしかない何かを持っているわけではありません。モノやサービス的に、それほど特別なものを持っているわけではないのです。

しかしお客様を見て、お客様にどうしたら喜んでもらえるのか、どうすれば楽しんでもらえるのかを考え、できることを積み重ね、どんどん独自の存在になってきています。

これは、頭の中でつくり上げられるものではありません。

まず決めて、やってみて、変えていく。

お客様に向けての行動を繰り返すことで蓄積していくノウハウなのです。

「なんか、面倒だな」

「そんな時間をかけてられないよ」

そう思う方もいらっしゃるかもしれません。でも反対に考えてみてください。

「面倒じゃなくて、時間をかけずに誰でもできること」

だったとしたら、あなたのライバルもすぐにやって、大手で資本力のある会社なんかは、スグに値段を下げてくる。また安売り競争に逆戻りです。

でも、そんな戦いなんて疲れるだけでしょ。

あなたは、ずっと戦い続けたいですか?

僕は嫌です。

もっともっと楽しく仕事がしたいし、お客様からもありがとうと言ってもらいたい。そして何より競争のない商売をしたい。

心豊かに働きたい。売るときも心豊かに売り続けたい。

ちなみに2014年の世論調査でこんな項目がありました。

「どのような仕事が理想的だと思うか」

一番多かったのが「自分にとって楽しい仕事」でした。それまで一位の常連だった「収入の安定」を、わずかとはいえ、抜いています。そして、これは今や理想ではなく、多くの人が現実にしていっているのです。

どのような仕事が理想的だと思うか？

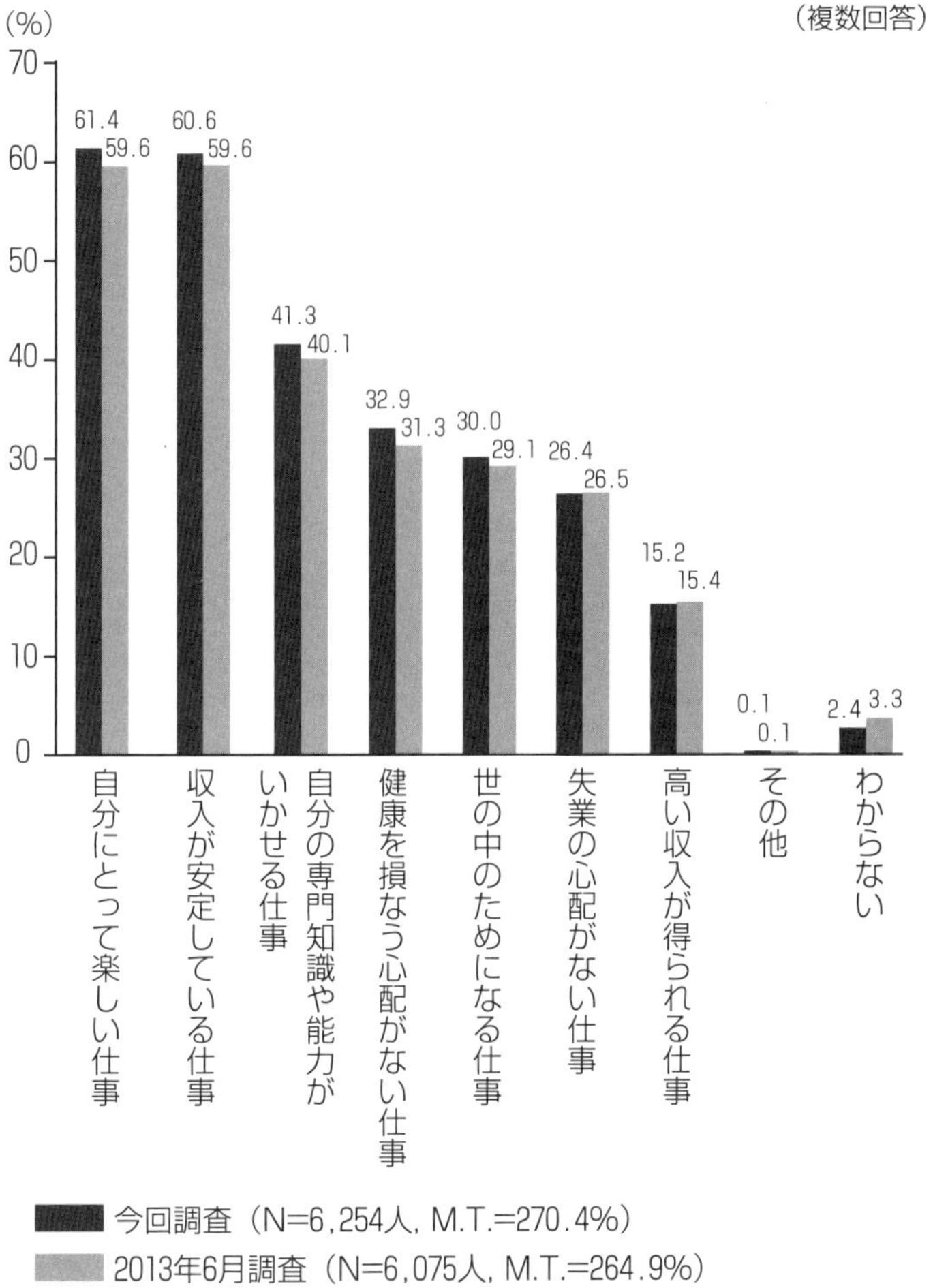

（2014年「国民生活に関する世論調査」より）

第4章

あなたの営業は「信頼」されているだろうか？

御用聞き営業はダメだと言われてきたけれど、
最初にお客様のニーズを聞き出さなくては、
営業活動も始まりません。

1 「営業」とは「売ること」だけれど……

◉――法人向け営業も、「売り方」の基本は同じです

さて、ここまで「売り方」について書いてきました。

商売を大きく分けると消費者向けの商売（B to C）と法人向けの商売（B to B）がありますが、「売る」ということにおいて根本的に変わりはありません。

「お店に来られる一人ひとりに売るのと、会社に対して売るのは、ちょっと意味が違うんじゃないの？」

そう思われる方もいらっしゃるかもしれませんが、お店に来られる方も一人ですし、会社に訪問しても商談する方は、経営者や経営幹部、仕入れ担当者など役職は違えど相手は一人です。

「あなたとお客様」の関係は、最終的には一対一という意味では同じなのです。

ですので、売り方は本質的に、何ら変わりはありません。
ただ、ひとつ違うことは、お客様の持つ「課題」や「不」です。

◉――一般消費者向け営業と法人営業の微妙な違い

消費者向けの場合は、単純にその人個人が持つ課題や悩みを解決していけばいいのですが、**法人向けの場合、その人の持つ課題というよりは、その人の中にある「法人としての課題」に目を向ける必要がある**ということがポイントになります。

「それって、普通の〝販売〟と、どう違うの……」

と思われたかもしれません。要するに、直接の相手は「人」だけど、法人営業の場合は「会社」も意識しなければならない、ということです。

「営業」「売る」ということを、分かりやすく説明するために、この章では、この「法人営業」に特化してみます。

実は、ここ2年ほどは、この法人営業をされている会社さんからの「営業研修」のご依頼が一番多いのです。どうしてご依頼いただくかというと、**「営業のやり方を根本的に見直さなければならない。そんな時期に来ているから」**と口をそろえて言われます。

「モノ売りからコト売りへ」

昔から何度も言われ、この本でも最初から書いていることです。

この視点の変化が、法人営業にも求められている。そして、僕自身がもともと法人営業で苦しみながら大きく変わっていったことも影響しているのかもしれません。

ご依頼を受けるということは、皆さんそれだけ考え、実践し、失敗もしながら、ノウハウが蓄積されているということでもあります。

それに、やってみると個人商店など法人営業のほうがシンプルで分かりやすいことにも気づきました。それをできるだけ分かりやすくお伝えしていきますね。

法人営業は、
基本的には提案営業。
しかしここには、
深い落とし穴が潜んでいる。

2 「提案営業」には問題も多いのです

◉──「単なる御用聞き」ではダメだけど、では提案すればＯＫか⁉

「提案営業」というコトバが言われるようになって、かなり経ちます。つまり、単なる御用聞きになってはダメだよ、ということです。だけど、ちょっと考えてみてください。

提案営業したほうがいいと思ってるのは売り手だけであって、**本当にお客様は提案営業を望んでいるのだろうか？**

「決して、提案営業なんて望んでいない」

僕は、そう実感しています。

提案営業をされている会社の方に会って、

「どのようにしてるんですか？」と聞いてみると、

「待っているだけではなく、とにかく新しい提案をしていくんです」と言って、カバンの中から出てきたのは、大きなファイルとｉＰａｄ。

見せてもらうと、数十もの提案書が整理されて入っていた。お客様のところに行って、何でも提案できるようにしているのだという――。


あなたが、もし経営者、あるいは担当者だったとしたら、そんなにたくさんの提案を受けたいですか？


僕は受けたくないな。あなたは、どうですか？

６ページにも書いたので繰り返しになりますが、ホームページ制作の方が提案営業に来てこう言うのです。

「御社のホームページは、デザインはいいのですが……」

「ここの部分を、このようにすれば……」

「私たちは、年間何百ものホームページを見て……」

このように、自分たちの提案を話し続ける営業マンを見て僕が思うことはひとつ。

『余計なお世話だ』ということ。

だって、こっちの意図も理解してないし、うちのやりたいことも分かっていない。そんな人に、どうこう言われたくない！　というのが本音です。

「うちの会社の何が分かってるの？」

「何を知った上で、そんなことを言ってるの？」

「何も分かってないのに、勝手に言ってんじゃね〜よ！」

という感じでしょうか。こんなことから考えてみると、

・うちの会社を分かってくれている
・うちの会社のことを知っている

もう少し詳しく言うと、

・うちの会社の状況を分かってくれている
・うちの会社の方向性を知ってくれている
・その上で、うちの会社の課題に気づいている

そんなことが重要なのです。

実は提案よりも、聞いてもらって知ってもらうこと。これが望まれているんですね。

会社の悩みや抱えている課題が、現代の「御用」です

これだけ社会が変化してくると、悩みや課題は、各社様々です。まずは、その状況を聞かせてもらうこと。**いま現在、本当に悩まれていることや課題という、本当の意味での「御用」を聞き出すことが必要になる。**

「御用を聞き出す」というと、まさに、「何の工夫もない御用聞き営業」だと勘違いするかもしれない。

でも、**御用つまりお客様の求めていることを聞かないで、営業は始まりますか？**

始まりませんね。

だって、相手のニーズが分からないんだから。

だから、「御用」を聞き出す……もう一回、原点に戻るんです。

だけどそれは、「在庫で足りないものはこれとこれですね。毎度ありがとうございます」というものではない。もっと踏み込んで、困っていること、悩んでいること、欲しがっていることを聞き出す——。スマートな言い方をすれば、本当のニーズを聞き出す。

これが出来ている営業マンは、確実に人気があるのです。

●——人が一番して欲しいことを聞き出すところから始まる

基本的な人間の欲求としてあるもの——。

・分かって欲しい
・知って欲しい

これは、営業においても同じです。そのために必要なことは、「聞き出す」こと。お客様の心の奥底に潜んだ、眠っている悩みを、あるいは誰にも言えない一人で抱え込んでいる課題を聞き出すことなのです。


「そんなこと、言われなくても知ってるよ！」と思ったあなた。

ひと言だけ言わせてください。


知っていても、できているかどうかが大切です。

もし、できていれば、おそらくこの本は手に取らないと思います。実績も上がっているでしょうから。

でも今ひとつ伸び悩んでるかも、と思ったら、もう一度見直してみませんか？　自分のために、そしてお客様のためにも。

3 今の時代の「御用」とは?

◉──「御用聞き」という言葉はマイナスイメージなの?

ここまで僕は、あえて「御用聞き」というコトバを使って来ました。マイナスイメージであることを承知の上で。

でも今の時代の御用とは、商品の発注や、サービスについての問い合わせ、ましてや在庫の補充などではないんですね。

これは、売れた時代の話。

今は、もっと本質的な御用がある。

・分かりやすい表面的な御用＝顕在御用
・分かりにくい本質的な御用＝潜在御用

こんな、言い方もできます。

◉──お客様の課題を探り出す

一見、見えにくい本質的な御用とは……？　「本質的な御用＝お客様の持ってる課題」としたほうが分かりやすいかもしれませんね。お客様はたくさんの課題を持っています。とくに法人だと、その課題は明確です。

平たく言えば「ニーズ」になるかもしれない。だけどもっと踏み込んだもの。もっと深いもの――僕はそれを、「今の時代の御用」と呼んでいます。

それはたとえば、

・もっと集客を増やしたい
・もっと売上げを伸ばしたい
・もっと利益を残したい
・人材の確保
・信頼度アップ

などなど。

昔（モノが売れた時代）のように、モノが売れて、モノがなくて困っているわけではないのです。だったら、そのお客様の話をお聞きし、その中で課題を発見し、解決のお手伝いをすること。それが必要になってくるのです。

ただ単に御用を聞くのではない。

むやみやたらに提案するのでもない。

それはもちろん、提案は大事です。でもその前に、お客様のニーズをしっかりと聞き出して、それに対応しなければならない。何に困っているのか、何を本当に欲しがっているのかを聞き出さなければ、スタートラインに立てない。

法人営業でも、お客様の「課題」に着目した営業が求められているのです。

ただ単に御用を聞くのではない。
むやみに提案するのでもない。
顧客の真のニーズを、
しっかり聞き出す。

4 法人向けのコト売り営業は3ステップで考える

◉──まず相手会社の「課題」を発見する

とくに法人営業は、個人向けの商品やサービスを売るときと、少し違います。モノをいかに売るかを考える営業ではなく、相手の課題を解決する営業です。でも、いきなり解決することはできませんから、3つのステップで解決まで持っていきましょう。その3つのステップとは？

課題発見（抽出）→課題共有→課題解決

ということになります。この中で一番大切なのは、最初のステップ「課題発見」です。相手がどんな課題を持っているのか？　これを発見することが8割です。

「そんなの簡単だよ。あなたの課題は何ですか？　って聞けばいいんでしょ」

そうなんですよね、聞けばいいのです。だけどね、聞けばいいことに変わりはないのですが、ただ単に聞いても出てきません。

残念なことに、多くの人は、自分の課題を潜在的には持っていても（心の中で持っていても）、顕在化できていない（自分で認識できていない）ことが多いのです。

もしくは、信頼関係がないと言えないでいる。そんなことが多いのです。

困ったなあと思っていても、何にどう困っているか……今ひとつ分からないでいる。

だから心の中にある本当の課題を聞き出すこと。これが一番のポイントになるのです。

◉──お客様を知るためには、どうするか？

聞き出すためには、まずはお客様を知ることが第一歩です。

漠然と「何か課題はないですか？」ではなく、「〇〇〇という課題はありませんか？」と質問できるように情報収集をしていかないといけません。

そのために、まずはこの3つは押さえましょう。

・**業界誌、業界新聞**……業界の事情が分かる媒体には必ず目を通す。見出しになる言葉や、よく出てくる言葉などは、聞き出すときのネタになります。

・ホームページ……その会社のホームページは、よく見ておいてください。経営理念やスタッフ紹介なども要チェック。あと更新頻度が多いか少ないか、どこを更新しているのかもポイントです。その会社が、どこに力を入れているのかが分かります。

・社長やスタッフのブログ……これは、ある意味、最も重要です。その人個人個人の状況が分かるのと、会社として何をしようとしているのかが見えてきます。印象に残った記事や、その中のコトバなどを覚えておくと聞き出すときのポイントになります。

お客様の会社を実際に見ることも大切です。もちろん、ただ単に見るだけではありません。社内に貼られている紙や、机の数、事務の人の対応、そんなところからも、どういう会社で、どんなことに気をつけているのかを想像するのです。

具体的に聞き出す方法は？

ある程度、情報収集ができたら具体的な質問を考えてください。一回の訪問前に、最低

3つは考えてみてください。

「何か課題はありますか?」——から、より具体的に。

「先日、業界新聞の見出しに○○とありましたが、御社ではどう考えておられますか?」
「ホームページに、○○の更新頻度が多かったですが、力を掛けられているのですか?」
「社長のブログを読ませてもらっていて、先日の○○という記事が印象的だったのですが、そのことでもう少しお聞かせいただいてもいいでしょうか?」

このように質問内容が具体的になると、相手の反応も変わってくる可能性が高くなります。こうして質問を繰り返し、反応があればさらに聞く。深く掘り下げていくのです。

たとえば、先ほどの質問で考えてみましょう。

あなた「先日、業界新聞の見出しに採用難ということが書かれていましたが、御社では今年の採用はいかがでしたか?」
お客様「あぁ、確かに採用はむずかしいね」

あなた「なるほど、なぜむずかしくなってきたと思われますか?」
お客様「それは、○○と、△△が問題じゃないかな?」
あなた「なるほど、それに対してどのような対策をお取りになっているのですか?」

という感じです。最初は、質問に対して反応があったことに関しては、できる限り3回以上深掘りして質問を繰り返すようにしましょう。

ただし、確認をしておきますが、3つの質問を用意して、3回深掘りすることが目的ではありません。**目的はあくまで「本当の課題」を聞き出すこと。あなたが、お客様の本当の課題に気づくことが大切**です。

◉──「聞く」ことは大事だが、聞いているだけではいけない

「聞き営業」という言葉を一時期よく耳にしましたが、ご存じでしょうか?

とにかく相手をしゃべらせて聞くことに徹するというもの。相手は聞いてもらえると嬉しいので、とにかく話をさせてひたすら聞く。聞いたことは他愛もないことが多いので聞き流しても大丈夫というもの。

こう書いてしまうと、ちょっと失礼な手法のような感じもしますね。

残念ですが、こういう営業マンは、少なくありません。もちろん「聞く」ことは大事です。たとえ聞き流しでも、こっちがべらべらしゃべるよりはマシです。だけど……。

もう一度見直してみてください。知らないうちに聞き流し営業になっていないですか？

何のために聞くのか？　何を聞くのか？

ただ聞くのではなく、シッカリと聞き出す。そのためにちゃんと準備をすることが営業の信頼の第一歩になるのです。

もちろん逆算で、聞き出したい課題を明確にしながら、質問を考えていくことも可能です。たとえば「人材確保が大変」という課題が引き出したければ、そこにつながる質問を考えていくのです。

・業界新聞で話題になっていた
・ホームページに採用情報が載っていた
・スタッフのブログに採用活動の記事があった

などを情報源として、採用に関する状況や、実施している具体策や成果などを聞いていく。その過程で、採用のうちでも一番の課題は何かを見つけ出していくのです。

ただ、基本的に自分の仕事につながる情報だけでなく、本当の課題は何なのか？　を聞き出していく姿勢が大切です。

それは、なぜか？

売るために聞き出しているのか？　一緒に課題を解決したいために聞き出しているのか？　どちらが腹の底にあるかで、相手の反応が変わってくるからです。

そういう意味では、あなたの立ち位置も整えてくださいね。

僕はこの本で、「もういいよ」と言われるほどこのことを繰り返しています。

あなたは、モノを売る営業マンではなく、お客様の課題解決のお手伝いをするという立場なのですから――と。ここを間違うと、ただのテクニックを駆使した嫌な営業マンになってしまいますから要注意です。

こうした具体的な質問と掘り下げで、相手の課題が明確になったら、次は共有です。

!? ただ聞くだけではいけない

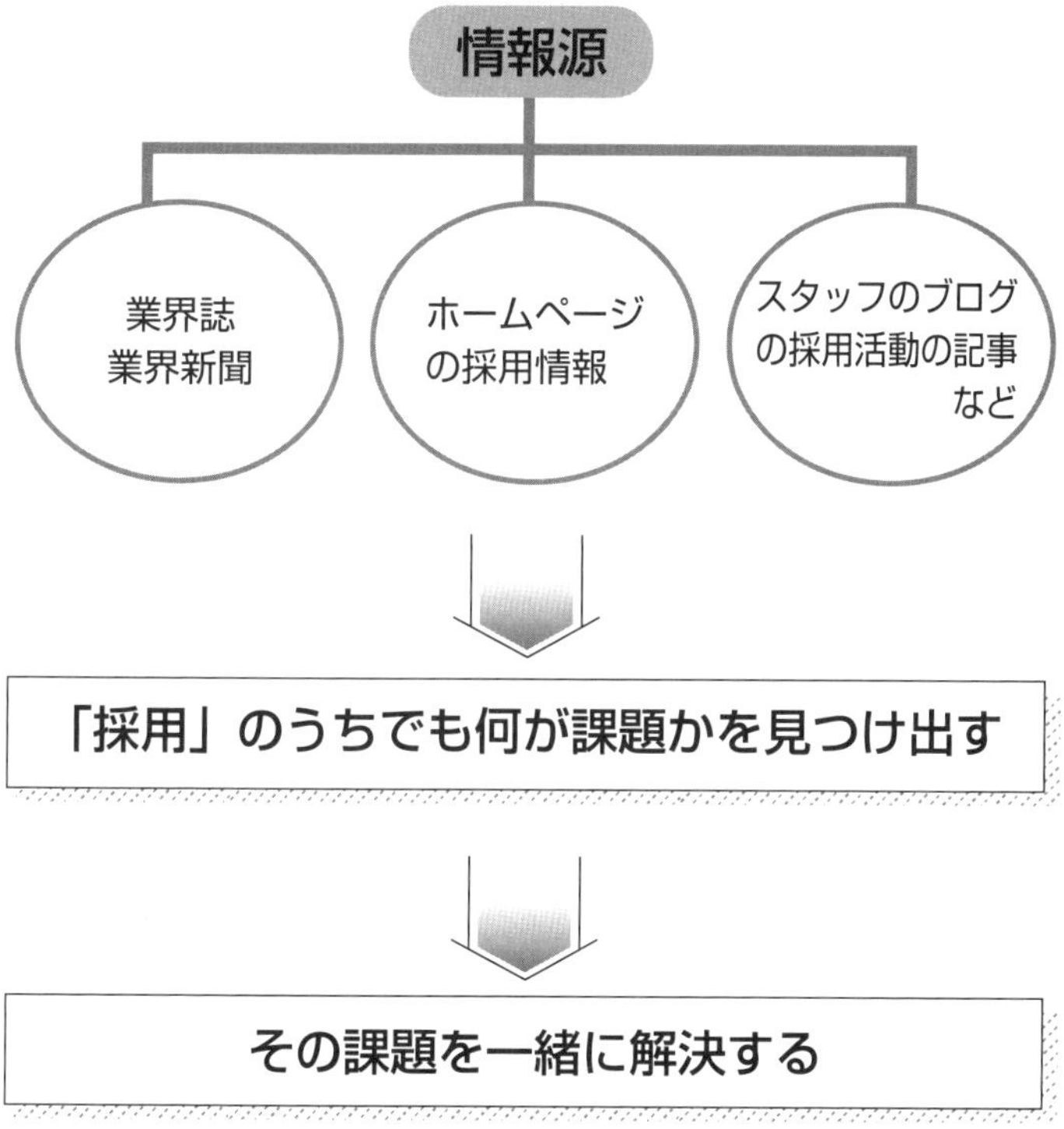

POINT

モノを売る営業マンではなく、お客様の
課題解決のお手伝いをする営業マンに！

5 相手の課題を共有し、問題を解決する

◉──まず、相手の課題を確認する

次の第2ステップ──課題共有は、「相手の課題はこれだ！」と気づいたときに、その内容を相手に確認することです。

「お聞きした中で、今の課題は○○にあると感じるのですが、いかがでしょうか？」

「いろいろな話をお聞きすると、○○ということが一番のお悩みではないかと思いますが、いかがですか？」

こうして、課題を明確にし、お客様とあなたの二人の共通認識にしていくことが大切です。そして、こう言ってください。

「ぜひ、その課題解決のお手伝いをさせてください」と。間違っても、

「ではこの商品は、いかがでしょう」

などと言ってはいけません。これは第3章までに書いてきた「売り方」と同じです。

「お客様の手伝いをする＝売る」という発想を、法人営業でも持ってください。

●──課題解決をサポートする

掘り出されたお客様の課題は、あなたの商品やサービスで解決できるものなのか？　もし、そのままで解決できそうだったら、商品やサービスを提案すればいいのです。

そのときに、気をつけることは**あくまで課題解決に対しての提案**であるということ。

ここぞとばかりに、「この商品をどうぞ！　スペックは○○で、性能も最高です！」なんて言うと、いきなりモノ売りに逆戻りです。

あなたは課題解決のお手伝いをしているのですから。

「先日お聞きした課題についてですが、解決のひとつの方法としまして○○をお持ちしました。いかがでしょうか」

「こちらの機能は、課題の中でも一番大切な○○をサポートするのに有効です」

などと、常に課題に照らし合わせて提案してくださいね。

立ち位置を忘れずに。

そして、相手の課題が自社の商品やサービスで解決できない場合、たとえばあなたが印刷会社で、相手の課題が社内マネジメントだったとしてください。印刷ではなかなか解決できそうにないですよね。

だったら、どうするのか？

まずは、社内マネジメントについて情報収集してください。ネットや自社の中、本もそのひとつです。そうして情報収集したものを整理して、相手の会社に必要であろうと思う情報だけを抜き出し、まとめてください。

「そんなことでイイの？」

「そんなの誰でも知ってるんじゃないの？」

と思われるかもしれませんが、まずは気持ちが大切です。

何かしよう！　何か役に立ちたい！　と思って集めた情報は無駄にはなりません。あなたの思いを形にして伝えるのです。

ただ、**こうして情報を収集し、まとめて伝えていくと、確実に情報の精度は上がってきます**。最初は稚拙な情報でも、回を重ねるごとに質の高い情報に変化していく。

これは、やった人だけにしか分からない大きな変化なのです。

◉──マジで興味を持つことが最も大切！

この〝法人向けのコト売り営業〟の3ステップで一番大切なことは、課題発見です。そして、この課題発見のときにたくさんの質問をしながら聞き出していくわけですが、一番のポイントは「いかに相手に興味を持てるか」ということ。

ひと言で言うと「マジで興味を持てるか」です。

真剣に興味を持つと、その言葉に感情が入ります。人は感情で動く生き物です。

「あ、コイツ本気で興味があるんだな」

と相手が感じると、それだけ真剣に興味を持っている相手には話さざるを得なくなる。

これ、人の自然な心理なのです。

どれだけ真剣に聞けるか。

どれだけマジに興味を持てるか。

言い換えれば、マジで何とかしたい！　マジで興味がある！　という人に出会うことも大切です。

●興味を持てない場合の訓練法は？

そうは言ってもなかなか興味が持てないけど、このお客様は何とかしないといけないという場合の訓練法をひとつお伝えしますね。

それは、「なぜ？　なるほど！　三段活用」と言います。

とにかく、**相手の話す言葉について「なぜ？」と問いかけてみる。そして、答えが返ってくると「なるほど！」とうなずき、もう一度「なぜ？」と質問する。これを3回繰り返すのです。**

たとえばの話ですが、あなたが印刷会社の営業マンだったとしてください。

あなた「チラシ印刷はどこで発注されているのですか？」
お客様「○○印刷だよ」
あなた「なぜ、そこで注文されているのですか？」
お客様「安いからだよ」
あなた「なるほど。なぜ、安いから注文されるのですか？」
お客様「なぜって、同じ印刷なら安いほうがいいからですよ」
あなた「なるほど！　なぜ、印刷はどこも同じだと思っていらっしゃるのですか？」
お客様「えっ⁉　キレイに上がってくるし、どこも一緒でしょ！」
あなた「なるほど！　チラシにはキレイさを求めておられるということでしょうか？」

というような感じで、「なぜ」を繰り返し、「なるほど」を深く大きくしていく。そうすれば「なるほど！」は、「分かってきました！」という意味に変わっていきます。

なぜを繰り返し、相手の答えが重なるたびに、あなたは相手のことを理解していく。最初はこれで訓練してみると、自然と相手に興味を持てるようになります。

◉──「聞き営業」だった清水さんからの手紙

僕はこのように、課題解決に向けての3ステップを営業研修でもやっています。

一番大切な課題発見に至る質問やスタンスは、お客様によってカスタマイズしながらやっていくのですが、ある自動車会社の営業マン研修をしたあとで、一通の手紙が届きました。概略を紹介します。

……研修では大変お世話になりました。……元々あまりしゃべるほうではなく思いを伝えるのが苦手な私には、なかなか頭の中がうまく整理できず苦労する内容ではありました。

私の営業スタイルは、これまで「聞き営業」でした。お客さんが話すことをひたすら聞く。しかしそれは、あいづちを打つだけの「聞き流し営業」であったことが分かりました。言葉の上っ面だけをさらりとなでるだけで、お客さんが本当に伝えたいところまでに至らず、肝心なことを理解せずに終わってしまう、という残念な営業スタイルでした。

今回それに気づかせていただいたのが、研修で教わった「興味を持った質問」でした。

早速研修から帰り、意識を持って使うと、なんとそれは、時として無口なお客さんとのときれがちな会話を補う潤滑油となり、質問がお客さんの課題を引き出し、今まで知らなかったお客さんの情報が、次から次へとお客さんご自身の口から語られる、という驚きの内容となりました。

少し変えてみるだけでこんなにも違ってくるのか、と大変驚いています。普段からお客さんと話すときは「好きですオーラ」を出すようにしていますが、さらに距離が近くなったことを実感しています。

他の方々が、スイスイとこなす中で、要領が悪く、なかなか事がうまく運べずご迷惑をお掛けしましたが、それでも今回の研修は私の営業人生の中で意識を変えた大きな出来事となりました。これから私は、お客さんの口の中に手を入れて、心臓を摑《つか》む営業になりたいと思います。

ちょっと大げさで恐縮してしまいますが、変化のきっかけになったことは本当に嬉しく思っています。

だって、営業が楽しそうなんですもん。

そして、楽しいだけではなく手紙をもらった営業マンの方は、年間優秀営業マン賞も獲得されました。結果的に売れたということです。そして、この営業マン研修でお伝えした内容は、この本に書いた通りです。

もちろん、多少のカスタマイズは必要かもしれませんが、根本はここに書いた通りむずかしいものではありません。

シンプルですが、根幹論であり神髄なのです。

相手の言うことを真剣に聞く。
相手にマジで興味を持つ。
マジで「何とかしたい」と思う。
――これが「情報収集」の基本。

6 「商売相手」が「商売仲間」に変わる瞬間とは？

◉──「売り込み」ばかりでは、売れません！

あなたが食品スーパーの仕入れ担当者だったとしてください。毎日食品メーカーの営業マンが来るわけです。

「今日は、こだわりの商品をお持ちしました！」
「今回の新商品は絶品なんですよ！」
「このたびは、キャンペーンのお知らせに参りました！」

どこもかしこも、自分のことばかり。自分の商品を売ることしか考えていない。でも、それも仕事だから仕方がないのか？　と思っていたところ……、

「何かお役に立てるコトがないでしょうか？」
「一緒にお店が繁盛する方法を考えさせてください！」
「僕たちの仕事は、スーパーを元気にすることです！」

そんな人があらわれ、根掘り葉掘り聞いてくる。でも、こいつはどうやら真剣なのは伝わってくるんです。

社外に、あなたをサポートしてくれる人がいる。こんな心強いことってないじゃないですか。頼りにしますよね。何か相談してみようと思いますよね。

それに応えて動いてくれたら、もっと一緒にやろうと思いませんか？

商売相手が、商売仲間として寄り添ってくれる。

嬉しくないですか？

頼もしくないですか？

だったら、それをお客様に提供しましょう！　お客様に寄り添い、サポートしましょう！　きっと、喜んでくれるはずです。

そして、きっと結果的に売れるはずです。

この本で何度も言ってきたので、「もういいよ」と思われるかもしれません。

でも「売る」ということは、そういうことだと僕は信じています。

もちろん、「売上げを上げたい」「トップになりたい」という気持ちは分かります。売れないときには、本当に落ち込んでしまう。

でもここで立ち止まって、少し考えて欲しいのです。


自分は売上げをアップさせたら、それですべて満足なのだろうか——と。

たぶん、多くの人は違うと思います。


「お客様と仲良くなりたい」

「お客様に喜んでもらいたい」

「そのためには何ができるかを考えたい」


売上げアップに必死になっている営業マンも、心のどこかでは、きっとそう思っている。

もしその気持ちがないのなら、あなたは営業マンではない。

単なる「物売り」ではありませんか？

◉――人は自分のためには、なかなか頑張れない

「顧客満足」ということが言われるようになって、ずいぶんになります。でもこのコトバとは裏腹に、売上競争ばかりして本当に顧客のほうを向いていない。これでは本当の意味での顧客満足にならないと僕は思います。

つまりこういうことです。


「売る」ということは、お客様に満足していただく行為だ――と。


人って、頑張ろう！　頑張ろう！　って思ってもなかなか頑張れるものじゃない。ましてや自分のためになんて頑張れないし、会社のためにもなかなか……。

でもね、不思議なんですけど**お客様のためには頑張れる**んですよね。

お客様に頼まれ、支持され、任せられると、時間を忘れて頑張れる。そして、頑張れば

頑張るだけ結果が出る。

お客様に認められ、お客様から「ありがとう」と言われ、売上げが上がる——。

間違いなく、仕事が楽しくなります。そのために、一歩を踏み出しましょう！

新たな時代だからこそ、〝根本〟を見直そう

——あとがきに代えて

■新たな時代の新たな価値を創造する

会社やお店の〝価値〟を伝えようとしたとき、言うまでもなく会社やお店の〝価値〟を見直す必要があります。

ここまで読まれた方には、きっと伝わっているはずです。

価値とは商品のスペックや価格ではありません。

もう一度、行ってみたい店。ずっと付き合いたい会社……そうなるためには、価格やスペックを超えた〝何か〟が必要になってきます。

独自性、オリジナリティとも言えますが、ただ単に「よそと違う」というだけでもいけません。会社やお店の持つ魅力と言い換えてもいいでしょうが、これは「お客様が求めていること」にジャストフィットしていくように、常に変化する必要もあります。

そして、その価値をお客様に正確に伝える。

でも、**このとき今までやってきたことを伝えるだけでは不十分です。新たな価値を創り出す必要がある。**そして価値を創り出すために、土台をつくっていくのです。

今は時代が大きく変わっているときだから——そんな単純な理由ではありません。だって、いつの時代も時代は変化しているじゃないですか。

確かにいま現在は「激動期」なのかもしれません。でも、それって3年前もそう言ってなかった？　5年前も、10年前も……。

そう、20年前も30年前も同じように激動期なのです。

だからこそ、いつもの「激動期」に踊らされることなく、進化し続けるためにも土台をつくり、価値を常に積み重ねていくことが大切なのです。

では、そもそも「土台」って、何でしょうか？

■価値を積み重ねていくための「土台」をつくろう

価値を積み重ねていくには、「誰に、どんな価値を積み重ねていくのか」ということを見据えなければなりません。だって、漠然と価値を積み重ねても、それって何の価値なのか分からなくなってしまいますから。

価値というのは、伝わってこそ意味があります。どんなに素晴らしい会社でも、その価値がお客様に伝わらなければ、その会社は存在しないのと同じ。

そして、もうひとつ。

価値というのは、自分たちで認識するものではありません。**相手（お客様）にどう認識されるかであって、自分たちの中に価値の花が咲いているわけではない。**お客様の中に、いかに価値の花を咲かせることができるかが大きなポイントなのです。

だからこそ、お客様を「知る・見る・聞き出す」ことからスタートし、お客様の求める

価値を創り上げていく。その土台としてあるのが、

・誰に、どんなコトができるのか？
・それが、どうしてできるのか？

これを明確にし、伝えていくことです。

時代の変化とともに変わっていくのは、お客様の状態です。だから、お客様の求めているものも変わる。

そして、お客様にどう楽しんでもらうか、喜んでもらうのかも変わります。

だからこそ、競合他社を見るのではなく、お客様のほうを向いて、出来るコトを積み重ねていく。それが重なれば新たな価値が生まれ、それが独自の価値になっていく。それが、時代の変化にも対応していく術でもあるのです。

■職業と本業の違いを知る

僕が講演でよく伝える内容のひとつに、職業と本業は違うということがあります。

「職業が営業だったら、本業ってなんなの？」

「副業してないから、これが本業でしょ」

という声も聞こえてきそうですが、読んで字のごとく、本当の業、本当の職業のことです。職業は表面的なものであり、本業は、その核になるようなことです。

もちろん、自分の職業に誇りを持つことは大事です。その職業の「プロ」になることは、社会に出た以上、目指すべきものでしょう。

でもそれとは別に、もっと考えなければならないことがある――。


「あなたの本業は何ですか？」

もしかしたら、この本を読み進めてもらっているあなたには、本業が見えているのではないでしょうか？　そう。あなたはモノを売ることが職業ではない、お客様に役立つコトこそが本業なのです。

職業は洋服屋だけど、若返りのお手伝いが本業
職業は歯科医だけど、子供の表情を元気にさせるお手伝いが本業
職業は税理士だけど、中小企業の黒字決算のお手伝いが本業
職業は温泉旅館だけど、家族の思い出づくりのお手伝いが本業
職業はメーカーの営業だけど、小売店の繁盛のお手伝いが本業
職業は印刷屋だけど、お店の集客アップのお手伝いが本業

この本で何度も繰り返しました。あなたの本業は「誰の、何のお手伝いをしているのか」ということです。表面的な職業というものは、実はあまり重要ではないんですね。

どうして、いま「神髄＝根本」が必要とされるのか？

今さらながらではありますが、どうしていま神髄なのか？

そういえば、そうですよね。インターネットはほぼ全国民が使うようになり、ＳＮＳが一般化しているデジタル全盛の中で、なぜわざわざ根幹論を見直す必要があるのか。

答えはひとつです。

ネット全盛の時代だからこそ必要なのです。

インターネットが一般化され、誰もが全世界に向かって手軽に発信ができる時代です。だからこそ、嘘もつけないし、騙《だま》しもできないし、押し売りだってできない。

だって、そうして嫌な思いをしたお客様は、すぐに全世界に向かってつぶやきます。

ネットが日常化しデジタル化が進めば進むほど、商売は原理原則に帰る。ウソのない、お客様を向いた正直な商売が栄える時代になっているのです。

では商売って、そもそもどんな意味合いがあるのでしょうか？

「商（あきない）を売る（うる）」と書いて「商売」です。

商いとは、お客様に対する思いや哲学を形にして届けることです。それを届け、ありがとうの対価として受け取るのがお金であり、これが売るという行為。

そう考えてみると、

・誰に、どんなコトができるのか？

・それが、どうしてできるのか？

これって商売そのものなんですよね。

そしてもう一つ。**商売と品売は、明らかに違う**ということ。品（モノ）を売る行為は、商いを売る行為とは全く別です。もし、いま品売をしているなら、その行為を、商売まで高めていきましょう。

■あなたの道は、あなたが創る

できたら間違うことなく、迷うことなく成功への一本道を歩いていきたい。誰かがレールを引いてくれたら……そう思う気持ちは理解できます。

でも、そんなことがあるのか？　と言えば、いくら待ってもなかなか道なんて見えないし、誰かが手を差し伸べてくれるわけでもない。だから一歩踏み出してみてください。その道は正解じゃないかもしれないけど、間違っていない。これは断言できます。

それは、ちゃんとお客様を向いているから。

目指す方向さえ間違っていなければ、あとは道なき道であっても、草をかき分け進んでいきましょう。その一歩一歩が道になっていきます。そうして歩いていれば、同じ方向に向かう仲間にも出会うでしょう。歩いているからこそ出会うのです。

一人の思いと行動は、やがて仲間に出会い、大きな流れとなって多くのお客様の笑顔をつくり出していく。そしていろいろな人に影響を与えながら、きっと社会を良くしていく。

そう、あなたはできる。
きっと、できるはずです。

まず、〝その気〟になって一歩を踏み出しましょう。
僕がこの本で書いたことが、その一歩のきっかけになれば嬉しいです。

松野恵介

「ガイア」がやっているコトとは

(有)ガイア（GAEA）は松野恵介氏をトップに、商品やサービス、お店や会社の価値を伝えることで「人とつながり、社会とつながり、未来につなげていく」コトをお手伝いしている会社である。「売るためには、どうすればいいか」というクライアントの要望に、

「モノ売り」から「コト売り」へ

「モノづくり」から「コトづくり」へ

――を愚直にお伝えすることで、急速に実績を上げてきた。

「モノ」から「コト」へ。そう言われ続けて10年以上が経つ中で、実直にお客様と向き合い、社員数7万人の超大手企業から家族経営の商店まで、12年間で1200社以上の会社やお店と実践を繰り返してきた。これまで、10万件以上の販促実績を持ち、お店や会社だけでなく、様々なシーンの活性化を行なう。

・小売店を活性化→一般社団法人コトマーケティング協会
・地域を活性化→温泉地や商店街の活性化プロジェクト・新潟観光学校など
・業界を活性化→リフォーム業界、歯科業界などの活性化プロジェクトをサポート
・学生活性化→就活講義・起業講義・マーケティング講義など

など実績多数。また、ホームページ制作、販促デザイン・売場づくり、ソーシャルメディア活用、税務など幅広いネットワークを組んでいる。松野氏個人の魅力とパワーだけでなく、「チーム」でコンサルティング活動の実務までをフォローできる体制を整えている。

ホームページは「ガイア　松野恵介」で検索。
松野氏の毎日更新のブログは「松野恵介　ブログ」で検索。

【著者紹介】　**松野恵介**（まつの・けいすけ）

◎――大学卒業後、京都の老舗呉服問屋に入社。しかし、若くしてリストラにあい心身ともボロボロになる。そこから這い上がってマーケティングを勉強し、マーケティング・コンサルタントとして独立。

◎――お客様との「つながり」をつくり出す、「コネクションマーケティング理論」を構築。笑顔とあごひげが印象的。「また会いたくなる」雰囲気を持っており、クライアントがクライアントを呼び、みるみるうちに人気コンサルタントになる。現在は、多種多様な企業のコンサルティングを主に、全国の温泉地や商店街の活性化、大学講師などでも活躍中。ニックネームは「キャップ」。著書として、『年収が10倍になる！　魔法の自己紹介』（フォレスト出版）、『なぜあの会社は安売りせずに利益を上げ続けているのか』（実業之日本社）などがある。

◎――著者の魅力は、「自己表現力」と、「旺盛な好奇心」、そして「行動力」。講演などの依頼も絶えず、年間の講演数は80回を超える。本書は、「要するに、どうやって売っていけばいいの？」「そもそも、“売る”って、どういうことなの？」「不景気でも売上げを上げるには、どうすればいいの？」という商店主、販売担当者、営業マンらの疑問に対してストレートに分かりやすく、ライブ感覚で応えている。

◎――「お客様が何に困っているかを聞き出し、その問題解決のお手伝いをする。それが“売る”ということでもある」が持論。「ガツガツと売ろうとしてはいけない。最初に考えるべきは、お客様が何を求めているかということである」――本書はこの、「売り方」の神髄（基本中の基本）とノウハウを、語りかけるように書いた指南書である。

売れる人が大切にしている！「売り方」の神髄

2016年 6月 17日　　第1刷発行

著　者――――松野恵介
発行者――――徳留慶太郎
発行所――――株式会社すばる舎
〒170-0013 東京都豊島区東池袋3-9-7東池袋織本ビル
TEL　03-3981-8651（代表）
　　03-3981-0767（営業部直通）
FAX　03-3981-8638
URL　http://www.subarusya.jp/
振替　00140-7-116563

Subarusya

印　刷――――ベクトル印刷株式会社

落丁・乱丁本はお取り替えいたします

ISBN978-4-7991-0529-0